BIBLIOTHÈQUE DE LA PAIX

PUBLIÉE PAR LES SOINS DE LA

LIGUE INTERNATIONALE ET PERMANENTE DE LA PAIX

PREMIÈRE LIVRAISON

LES GUERRES CONTEMPORAINES

(1853-1866)

RECHERCHES STATISTIQUES SUR LES PERTES D'HOMMES ET DE CAPITAUX

PAR

PAUL LEROY-BEAULIEU

PRIX : 50 CENTIMES

PARIS

LIBRAIRIE GUILLAUMIN ET Cᵉ, 14, RUE RICHELIEU

ET AU SECRÉTARIAT DE LA LIGUE DE LA PAIX

La ligue internationale de la Paix a été constituée le 30 mai 1867 par la DÉCLARATION suivante :

« Les soussignés, unis dans de mêmes sentiments de prévoyance, de justice et d'humanité ;

Considérant que la guerre et les animosités réciproques qu'elle engendre sont en contradiction manifeste avec toutes les tendances de la civilisation, et spécialement avec cet irrésistible mouvement qui, de plus en plus, rapproche les hommes par le travail ;

Convaincus que le véritable patriotisme, à mesure qu'il fait mieux sentir aux diverses nations le prix de leur propre indépendance, leur impose plus visiblement le devoir de s'abstenir de toute atteinte et de toute menace à l'indépendance des autres nations ;

Déclarent prendre ensemble la résolution de défendre et de propager, selon leurs forces, ces grands principes de respect mutuel qui doivent être désormais la charte commune du genre humain ;

Et dans cette intention ils se constituent, dès aujourd'hui, en Comité pour la formation d'une *ligue internationale et permanente de la paix*.

Ils font avec confiance, pour le développement et le succès de cette œuvre, appel au concours de tous les hommes de bonne volonté de tous les pays. »

ALTGELD, conseiller intime de régence à Dusseldorff (Prusse), vice-président de la LXXXIXe classe de l'Exposition.

Arlès DUFOUR, vice-président du IVe groupe, *vice-président*.

Cesare CANTU, ancien député au Parlement italien.

Michel CHEVALIER, sénateur, membre de l'Institut, etc., *vice-président*.

Auguste COUVREUR, membre de la chambre des Représentants de Belgique, rédacteur de l'*Indépendance belge*.

Jean DOLLFUS, maire de Mulhouse, vice-président du Xe groupe, *vice-président*.

Joseph GARNIER, rédacteur en chef du *Journal des Économistes*, professeur à l'École impériale des ponts et chaussées, secrétaire du Congrès de la Paix en 1849.

A. GRATRY, prêtre de l'Oratoire, membre de l'Académie française.

ISIDOR, grand rabbin du Consistoire central israélite.

Baron Justus de LIEBIG, de Munich, président du Xe groupe, *vice-président*.

MARTIN PASCHOUD, pasteur de l'Église réformée de Paris.

L. M. PASTOR, sénateur, ancien ministre des Finances, président de l'Association espagnole pour la réforme douanière, etc., *vice-président*.

Frédéric PASSY, *secrétaire général*.

Charles SUMNER, membre du Sénat des États-Unis, à Boston, *vice-président*.

Docteur de VARRENTRAPP, de Francfort.

Auguste VISSCHERS, membre du Conseil des mines de Belgique, président du Congrès de Bruxelles en 1848, vice-président du Congrès de Paris en 1849, etc., *vice-président*.

—

Voir à la fin la Circulaire du Comité.

LES

GUERRES CONTEMPORAINES

1853-1866

VERSAILLES, IMPRIMERIE CERF, 59, RUE DU PLESSIS

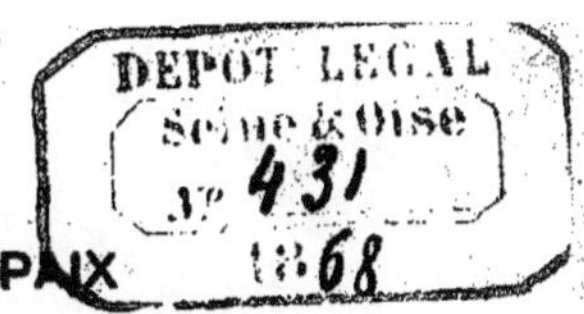

BIBLIOTHÈQUE DE LA PAIX

PUBLIÉE PAR LES SOINS DE LA

LIGUE INTERNATIONALE ET PERMANENTE DE LA PAIX

PREMIÈRE LIVRAISON

LES GUERRES CONTEMPORAINES

(1853-1866)

RECHERCHES STATISTIQUES SUR LES PERTES D'HOMMES ET DE CAPITAUX

PAR

PAUL LEROY-BEAULIEU

PRIX : 50 CENTIMES

PARIS

LIBRAIRIE GUILLAUMIN ET Cᵉ, 14, RUE RICHELIEU

ET AU SECRÉTARIAT DE LA LIGUE DE LA PAIX

AVERTISSEMENT.

—

Le Comité de la *Ligue de la Paix* croit faire une œuvre utile en réunissant, dans une collection d'un format commode et d'un prix modeste, les publications les plus propres à dépopulariser la guerre et à populariser la paix. Il donne à cette collection le nom de *Bibliothèque de la Paix*.

La *Bibliothèque de la Paix* comprendra successivement des ouvrages anciens, trop peu connus ou difficiles à se procurer (comme les écrits d'Erasme, de l'abbé de Saint-Pierre, de Kant, de J.-J. Rousseau), et des ouvrages plus récents, quelquefois entrepris spécialement à l'intention de la *Ligue* et par ses inspirations, comme l'étude sur *la Guerre et les Epidémies*, confiée à l'un de ses membres. Les publications de la première catégorie sont dans le domaine public ; il n'y a rien à en dire. Pour les secondes le Comité croit de son devoir d'avertir qu'il n'entend pas les donner, dans toutes leurs parties, comme l'expression rigoureuse de ses propres idées. Il n'admettra dans la série des volumes imprimés par ses soins que des travaux sérieux, exempts de toute violence et de toute animosité politique ou religieuse, et sincèrement consacrés à l'étude de quelqu'une des faces de la grande question dont il poursuit la solution. Il n'imposera pas aux écrivains qui lui prêteront leur concours une étroite et méfiante censure, et ne prétendra pas les plier tous au joug d'une formule uniforme. La variété des points de vue est inévitable, et elle est un des éléments du progrès des idées. Il suffit que, par leur esprit général, les différentes parties de la *Bibliothèque de la Paix* concourent au même but ; qu'elles ne tendent manifestement qu'à éclairer et à instruire ; qu'elles soient, en un mot, sous une forme ou sous une autre, des œuvres de bonne foi et des œuvres de paix.

LES

GUERRES CONTEMPORAINES

(1853-1866)

RECHERCHES STATISTIQUES SUR LES PERTES D'HOMMES ET DE CAPITAUX

Les importantes discussions législatives, qui ont tenu pendant plusieurs semaines le pays dans l'attente et dans l'inquiétude, le malaise de l'esprit public en proie aux plus cruelles appréhensions, ont donné à tout ce qui touche les guerres contemporaines, une actualité et un intérêt de premier ordre. Les questions de statistique militaire qui n'avaient jusque-là d'attrait que pour le petit nombre, ont acquis subitement aux yeux de tous une importance incontestable.

Aussi ne craignons-nous pas de présenter aux lecteurs un travail hérissé de chiffres et de faits. Nous nous sommes efforcé de fixer, avec toute

1.

l'exactitude possible, les pertes matérielles, tant en argent qu'en hommes, des grandes guerres qui ont affligé l'humanité depuis 1853 jusqu'à 1866, et ce que l'on peut appeler, en se servant de l'expression pittoresque d'un de nos députés: *la carte à payer* de chaque guerre.

Le terrain sur lequel nous entrons n'a pas été partout déblayé. Les pertes matérielles se divisent en pertes d'hommes et en pertes d'argent; les pertes d'hommes, ce sont les statistiques, les pertes d'argent, ce sont les budgets qui nous les révèlent.

Une minutieuse exactitude est souvent difficile à atteindre. Pour les pertes d'hommes les documents officiels abondent, mais ils se contredisent : la plupart paraissent trop tôt après la guerre ; cette précipitation est une cause d'inexactitude considérable. Pour les deux grandes guerres de Crimée et d'Amérique, et pour la guerre du Schleswig, en ce qui concerne la Prusse, il nous a été permis d'arriver à une précision complète. C'est que ces guerres ont été l'objet de grands travaux d'ensemble où les pertes ont été étudiées, comptées et classées méthodiquement avec art et avec science. Les rapports officiels sur la guerre de Crimée présentés au parlement anglais, le remarquable livre du docteur Chenu, les divers mémoires composant la *médical and chirurgical history of the rebellion*, la publication toute récente du docteur Lœffler sur la campagne du Schleswig, sont des travaux d'une rigueur scientifique ; malheureusement les documents sur les autres guerres n'ont ni cette portée ni cette autorité.

Quant aux finances, nous avons éprouvé aussi des embarras réels. Il est un moyen de calculer les pertes financières qui est fort en usage parmi nos publicistes et qui trouve bon accueil dans le public. c'est d'additionner les différents emprunts contractés en vue de la guerre et de prendre la somme de ces différents emprunts pour le solde des frais de guerre. Rien n'est plus simple, mais rien n'est moins exact. Tantôt, en effet, les sommes empruntées en vue de la guerre ne sont dépensées qu'en partie pour la guerre. C'est ainsi que l'emprunt contracté en 1859 par la France, ne fut pas absorbé tout entier par la guerre d'Italie, et que la partie notable qu'avait épargnée la guerre, fut attribuée, par une loi spéciale, à des travaux d'utilité publique. D'autre part, il arrive souvent que la somme des emprunts est très-loin d'équivaloir à la somme des frais de guerre. Il faut tenir compte de la hausse des impôts anciens ou de l'établissement d'impôts nouveaux, de l'usage des ressources extraordinaires et des sommes importantes que l'on peut s'être procurées par la réduction des dépenses civiles et par les virements. C'est ainsi que les dépenses de l'Angleterre, pour la guerre de Crimée, sont quatre fois supérieures aux emprunts qu'elle a contractés pendant la lutte. Le seul moyen rationnel pour arriver à un peu de précision, c'est d'étudier directement les budgets de la guerre pendant la lutte, et de les comparer à ce qu'ils étaient pendant la période de paix qui a précédé. Pour cela il faut connaître les budgets; or il est des États qui n'en ont ou plutôt qui n'en avaient pas. C'est ainsi que les dépenses de la Russie, pendant la guerre de Crimée, seront toujours d'un calcul difficile, malgré les savantes recherches de MM. Léon Faucher et Wolowski. Il arrive aussi que certaines guerres étant très-récentes, nous n'avons pas sur elles les budgets définitifs ou règlements de comptes. Dans certains pays ce règlement de comptes est très-long à établir. On sait que c'est seulement dans la session de 1867 qu'a été votée, au Corps législatif français, la loi portant règlement des comptes de 1863.

Serait-on arrivé à déterminer avec précision le total des dépenses de guerre dans les contrées belligérantes, qu'on serait encore loin de connaître toutes les dépenses, même publiques, que la guerre a entraînées : il faut aussi étudier les budgets des nations neutres, car la guerre de nos jours a cela de particulier qu'elle frappe dans leurs finances les neutres eux-mêmes, en les forçant à une attitude expectante, qui entraîne de grands armements. Enfin, dans certains pays il faut étendre les recherches encore plus loin. Qui ne calculerait pour les dépenses des États du Nord de l'Amérique pendant la guerre de sécession que les dépenses de l'Union, sans tenir compte de celles des États et des districts, en primes pour les volontaires et en fournitures de toutes sortes, devrait avouer qu'il n'est pas parvenu au total et que son évaluation est incomplète. Ce n'est pas tout : il est certains pays, soit primitifs, soit avancés, où l'initiative individuelle a un très-grand essor, et où les dépenses privées pour la guerre viennent singulièrement accroître les dépenses publiques. Les dons faits au czar par l'aristocratie russe, tout ce que le patriotisme anglais ou américain a largement dépensé en subsides, en fournitures, en pensions, il faut aussi en tenir compte; pour la Russie ou l'Angleterre, ces dépenses privées se chiffrent par plus de cent millions, pour l'Amérique par plus d'un milliard.

Enfin, quand nous aurons fait tous ces calculs, serons-nous au bout de notre tâche? Non, certes. Toutes les pertes privées, le ravage des champs, la destruction des récoltes; en cas de siége ou de guerre maritime la ruine des villes, la destruction des navires; toutes ces pertes d'une évaluation impossible, si on ne peut les calculer, il faut toujours les avoir devant les yeux; et ce n'est pas encore tout : à côté de ces pertes que nous appellerons positives, qui se manifestent par la destruction matérielle d'une richesse acquise, il faut tenir compte des pertes que nous appellerons négatives, qui consistent dans la stagnation des affaires, la langueur du commerce, l'arrêt de l'industrie. Toutes ces ruines qu'entasse le fléau de la guerre échappent à nos statistiques; mais ce ne sont pas les moindres.

GUERRE DE CRIMÉE.

La guerre de Crimée est la plus meurtrière des guerres européennes dont la science ait, avec quelque précision, calculé les calamités.

Dans l'évaluation des pertes d'hommes, nous prendrons principalement pour guide le *Rapport du docteur Chenu au conseil de santé des armées;* ce précieux document jouit du double mérite d'être officiel et d'être scientifique : il émane, en effet, du ministère de la guerre et il a obtenu de l'Académie des sciences le grand prix de statistique.

L'armée française eut à lutter contre trois grands dangers : le choléra, le feu de l'ennemi et le scorbut. Au mois de septembre 1854, notre armée n'avait pas encore vu l'ennemi, elle avait déjà perdu 8,084 hommes, pour la plupart du choléra (docteur Chenu, page 622). Pendant toute la durée de la campagne, les maladies firent quatre fois plus de victimes que le feu des Russes. Voici l'état exact des pertes de l'armée française, tel que le donne le docteur Chenu :

	Entrés aux ambulances ou aux hôpitaux.	Tués ou morts.
Maladies diverses et choléra, du 1er avril au 20 septembre 1854	18,073	8,084
Ambulances de Crimée, et hôpitaux à distance de Constantinople	221,225	29,095
Hôpitaux de Constantinople.	162,029	27,281
Tués par l'ennemi ou disparus		10,240
Morts sans faire entrée aux ambulances ou hôpitaux.		4,342
Perte de *la Sémillante :*		
1° troupes de passage. . .		394
2° marins.		308
Infirmerie de bord et hôpitaux de la flotte.	34,817	846
Morts en France des suites de maladies et de blessures contractées pendant la guerre. jusqu'au 31 décembre 1857. . .		15,025
Total. . .	436,144	95,615

Ainsi, d'après les calculs irréfutables du docteur Chenu, la France a perdu dans la guerre de Crimée 95,615 hommes ; le nombre d'hommes qu'elle avait envoyés en Orient aux différentes périodes de la lutte, forme un total de 309,268; le nombre des morts est donc au nombre des envoyés à peu près ce que 1 est à 3. Il est intéressant de se rendre compte des causes de cette mortalité. Le tableau qui précède nous indique que 10,240 hommes seulement furent tués par l'ennemi; le nombre de ceux qui succombèrent par suite de blessures ne fut pas plus considérable; il reste donc environ 75,000 hommes qui moururent soit du choléra, soit du scorbut, soit d'autres maladies. Nous avons vu que le choléra en avait enlevé dans les quatre premiers mois de l'expédition, sur le territoire turc, 8,084; d'après les évaluations de M. Jacquot, la mortalité due au scorbut comprendrait 1/3 des pertes totales. Au moins ces 20,000 hommes qui moururent sur le champ de bataille ou des suites de leurs blessures, eurent-ils pour la plupart une mort prompte que mille images glorieuses adoucirent. Mais ces 75,000 victimes du choléra, du typhus, de la pourriture d'hôpital, durent subir toutes les lenteurs, toutes les souffrances, tous les désespoirs d'une mort dont rien ne tempérait l'horreur. Nous tenons à faire cette distinction entre les malades et les blessés; on ne comprend bien toutes les calamités de la guerre, que quand on s'est rendu un compte exact des souffrances de ces multitudes obscures, lentement, inutilement consumées par les maladies.

Si 95.615 Français furent emportés par la mort,

croit-on que nos pertes se bornent là ? Croit-on que les 214,000 soldats qui échappèrent à la mort dans cette désastreuse expédition, rentrèrent en France tels qu'ils en étaient sortis ? Croit-on que ces 30,000 blessés dont les blessures ne devinrent pas mortelles, ces 10,000 cholériques que l'on put évacuer des hôpitaux de Turquie, tous ces malheureux atteints et minés par le scorbut, la dyssenterie et mille autres maladies affreuses, rapportèrent à la France, à l'agriculture, à l'industrie, au travail national, ces forces qui leur avaient été enlevées ? Croit-on que parmi ces 214,000 hommes sauvés, qui avaient fourni tant de journées d'hôpital, il n'y en eut pas un grand nombre, un quart au moins, un tiers sans doute, la moitié peut-être, dont la santé resta pour toujours affaiblie, délabrée et chancelante ? Quelle énorme et incalculable déperdition de forces !

Voici l'état des pertes de l'armée anglaise :

	Entrés aux ambulances ou aux hôpitaux.	Tués ou morts.
Blessés	18,283	
Morts dans les hôpitaux à la suite de blessures		1,846
Tués sur le champ de bataille		2,756
Fiévreux et malades	144,410	
Morts à l'hôpital		16,298
Evacués, morts en mer		1,282
Total	162,693	22,182

L'effectif envoyé était de 97,864 hommes; la mortalité fut donc de près du quart : l'immense supériorité du service sanitaire et de l'administration pendant la seconde partie de la campagne explique pourquoi la mortalité fut relativement moindre dans l'armée anglaise que dans l'armée française.

Les pertes générales du Piémont sur un effectif envoyé de 12,000 hommes, sont, d'après le docteur Chenu :

Tués par l'ennemi	12
Morts à la suite de blessures	16
Morts de maladies diverses en Crimée	1,720
Morts à l'hôpital du Bosphore	446
Morts après évacuation en Piémont	?
Total	2,194

C'est encore là une mortalité de 18 p. 100, bien que l'armée piémontaise, comme le montre le chiffre des tués, n'ait pas pris au siége une part active.

Les pertes des Turcs et des Russes ne peuvent être appréciées que d'une manière conjecturale. Le docteur Chenu estime à 10,000 le nombre des Turcs qui périrent par le feu de l'ennemi tant devant Sébastopol que pendant la sanglante campagne de Valachie et du Danube : il porte à 25,000 le nombre des Turcs qui moururent de maladies. Quant aux Russes, il croit que 30,000 ont dû être tués sur les champs de bataille de Turquie et de Crimée : il évalue à 600,000 le nombre des soldats russes qui ont péri de maladies et de fatigues. Ce chiffre, au premier abord, paraît exagéré, mais un peu de réflexion montre qu'il est fondé sur des inductions légitimes. Il faut d'abord tenir compte des levées considérables qui ont été faites en Russie pendant les années de guerre. Au lieu de prendre 7 hommes sur 1000 serfs comme c'était l'habitude, on fit, en 1854, deux levées de 12 hommes chacune sur 1000 serfs ; en 1855 il en fut de même : ainsi, en ces deux années, on leva 48 hommes sur 1000 serfs au lieu de 14, qui était le chiffre normal ; c'est-à-dire, que l'on enleva à l'agriculture trois fois et demie plus d'hommes que les années précédentes. Dans un empire aussi vaste que la Russie, des levées qui, en deux ans, prennent 5 p. 100 du nombre des serfs donnent un effectif énorme, et indiquent par là même l'étendue des pertes. Il faut se rappeler que la plus grande partie de ces recrues, pour arriver à Sébastopol, des provinces, soit du centre, soit du nord, soit de l'est, soit de l'ouest, dut faire 3, 4 ou 500 lieues à travers des contrées pauvres et où les routes sont rares. Il faut enfin tenir compte de l'expérience des guerres précédentes faites par la Russie. Un des officiers d'état-major les plus distingués de notre temps, le baron de Moltke a écrit une monographie remarquable de la guerre de Turquie en 1828-29 (Der Russische Turkische Feldzug in der Europàischen Turkei, 1828-29, dargestellt durch

Freiherr von Moltke). En dix mois, dit le baron de Moltke, de mai 1828 à février 1829, l'armée russe dont l'effectif n'était pas de 100,000 hommes, compta dans les ambulances et les hôpitaux 210,108 cas de maladies, c'était donc en dix mois 2 cas de maladies par homme, tandis que pour l'armée française, en Crimée, pendant deux ans il n'y eut que 150 cas par 100 hommes. Le major de Moltke ajoute que pendant la première campagne seule, l'armée russe avait perdu la moitié de son effectif. En mai 1829, 1000 hommes par semaine entraient dans les hôpitaux ; en juillet, 40,000 hommes, près de la moitié de l'effectif était à l'hôpital : en cinq mois, de mars à juillet 1829, il y eut 28,746 morts de maladies : la mortalité augmenta pendant les mois suivants, et le major Moltke estime à 60,000 hommes le nombre des Russes morts de maladies pendant cette courte campagne, sur un effectif qui n'était pas de 100,000 hommes. Il ajoute que 15,000 combattants seulement purent repasser le Pruth, et que l'armée russe fut ainsi anéantie par les maladies. A défaut des chiffres précis qui nous manquent sur les pertes des Russes dans la guerre de 1853-56, nous avons cru devoir citer ces chiffres empruntés à l'un des ouvrages spéciaux les plus savants et les plus estimés de notre temps : ils serviront de point de comparaison, et justifieront le chiffre donné par le docteur Chenu. Ces pertes énormes sont habituelles aux armées russes ; celles de la campagne de Pologne en 1831, ou de la campagne de Hongrie en 1849, ont été relativement aussi grandes. L'armée du Caucase perd, dit-on, 20,000 hommes par an, et l'on estime que les pertes des Russes dans le Caucase, depuis le commencement de la lutte contre les populations circassiennes, ont été de près de 500,000 hommes (Qualerly Review March 1854). Au dire d'un partisan enthousiaste de la Russie, le baron d'Haxthausen, la moitié des recrues mourait autrefois de fatigues, de maladies et de langueur, et cette mortalité serait encore de près d'un tiers. Toutes ces données, empruntées à l'une des monographies militaires les plus estimées de notre temps, le livre du baron de Moltke, et à l'un des ouvrages les plus empreints de russomanie, le livre du baron d'Haxthausen, suffisent à justifier les appréciations du docteur Chenu, d'après lequel 630,000 Russes auraient été enlevés par la guerre de Crimée.

Voici le tableau récapitulatif des pertes subies par toutes les armées en présence durant la guerre :

		Tués.	Morts de blessures ou de maladies.	Total.
Armée française.	1854-56	10,240	85,375	95,615
» anglaise..	1854-56	2,755	19,427	22,182
» piémont..	1855-56	12	2,182	2,194
» turque...	1853-56	10,000	25,000	35,000
» russe....	1853-56	30,000	600,000	630,000
		53.007	731,984	784.991

(Chenu, 617). C'est donc près de 800,000 hommes que la guere d'Orient aurait dévorés.

La consommation de capitaux ne fut pas moins énorme.

L'Angleterre avait à la tête de ses finances, quand la guerre éclata, un homme célèbre, dont la réputation n'a fait que croître depuis, M. Gladstone : ce financier économiste voulut suffire aux dépenses de la guerre par des augmentations d'impôts : les impôts, en effet, furent accrus dans une proportion incroyable ; mais il n'en fallut pas moins venir à l'emprunt ; de même qu'en France où nos financiers s'étaient prononcés pour l'emprunt, il n'en fallut pas moins, en fin de compte, venir à l'impôt : tellement les charges de la guerre dépassaient toutes les prévisions.

Voici un résumé des budgets anglais de 1853 à 1857.

	Administration civile.	Guerre.	Marine.
1853.	7,044,321 l. st.	9,685,079 l. st.	6,640,596 l. st.
1854.	7,638,650	12,397,273	12,182,769
1855.	8,435,832	29,377,349	19,014,708
1856.	8,392,622	25,049,825	16,013,995
1857.	9,839,325	15,107,249	10,390,000

On peut considérer le budget de 1853 comme le budget normal en temps de paix : il est même supérieur à la plupart des budgets précédents. Si l'on additionne les quatre budgets de la guerre de 1854, année où elle a commencé, à 1857, année où les dernières dépenses ont été liquidées, on trouve un total de 81,931,696 livres, tandis que quatre budgets de la guerre égaux à celui de 1858 n'eussent formé que 38,740,316 : il y a donc pour ce département un surcroît de dépenses de 43,191,380 l. st. par suite de la guerre d'Orient. En faisant la même opération pour le département de la marine, on trouve que le surcroît de dépenses a été de 31,039,088 l. st. Le surcroît de dépenses des deux départements réunis donne une somme totale de 74,230,468 l. st., soit 1,855,761,700 fr.; c'est là le total des dépenses que l'expédition d'Orient a imposées à l'Angleterre.

Pour subvenir à ces frais extraordinaires et trouver ces 1,855,761,700 fr., l'Angleterre a fait des efforts inouïs. Les impôts furent augmentés dans une proportion incroyable. Voici quelques exemples de cette surélévation. L'impôt sur l'eau-de-vie qui était de 7 sh. 10 pence en Angleterre, de 3 sh. 8 pence en Ecosse, et seulement de 2 sh. 8 pence en Irlande, fut par des augmentations successives porté à 8 sh. dans les trois royaumes : il était donc plus que doublé pour l'Écosse, et plus que triplé pour l'Irlande. L'impôt sur la drêche était de 2 sh. et 2 sh. 7 pence selon la qualité; du 8 mai 1854 au 5 juillet 1856, c'est-à-dire durant et pour les besoins de la guerre, il fut porté à 3 sh. 1 penny, et respectivement à 4 sh. C'était une augmentation de 60 p. 100. L'augmentation pesa surtout sur l'impôt du revenu. L'histoire de cet impôt est curieuse. Créé par Pitt pour les besoins de la guerre contre Napoléon, aboli en 1816, rétabli en 1842, pour trois ans, prolongé pour le même temps en 1845 et en 1848, pour un an seulement en 1851 et en 1852, il le fut pour sept ans en 1853. La loi de 1853 qui en autorisait la prolongation, l'étendait à l'Irlande qui en avait toujours été exemptée. Par la même loi, l'exemption dont jouissaient les fortunes au-dessous de 150 livres fut réservée aux fortunes au-dessous de 100 livres; seulement les revenus de 100 à 150 livres ne devaient payer que 5 pence au lieu de 7 par livre sterling. La guerre d'Orient amena depuis le 5 avril 1854 le doublement de ces taux : l'année suivante on ajouta encore un demi-penny pour les fortunes de 100 à 150 livres, et 2 pence pour les autres, si bien que l'impôt se trouva être de 1 sh. 4 pence et de 11 p. 1/2. Ces augmentations cessèrent en 1857, et l'on revint au taux primitif de 5 et de 7 pence. Bien que ces augmentations d'impôt eussent porté les recettes de 50 millions sterling, moyenne des dix années, de 1843 à 1853, aux chiffres énormes de 63 millions en 1855, 68 millions en 1856, et 66 millions en 1857, bien que l'année 1853 eût laissé un excédant notable, il fallut avoir recours à un emprunt et augmenter cette dette que l'on avait fait tant d'efforts pour réduire. Des impôts écrasants, la dette consolidée accrue, la dette flottante excessive, voilà ce que valut à l'Angleterre cette guerre de Crimée qui exigea pour l'armée et la marine britannique un surcroît de dépenses de plus de 1855 millions de francs.

La France dut faire des sacrifices à peu près aussi grands que son alliée : on peut en juger par le tableau des dépenses totales, tant ordinaires qu'extraordinaires de 1850 à 1856 :

1850...............	1,472,637,238
1851...............	1,461,329,644
1852...............	1,513,103,997
1853...............	1,547,597.009
1854...............	1,988.078.160
1855...............	2,399,217,840
1856...............	2,195,751,787

On voit que la progression est effrayante. Entrons dans les détails. Nous supposons, ce qui nous semble une hypothèse légitime, que les budgets provisoires de la guerre et de la marine pour 1854, représentent les dépenses normales de ces deux départements en temps de paix. Tout ce qui dépasse donc les prévisions de ces budgets, soit en l'année 1854, soit dans les années suivantes, nous l'attribuerons à la guerre d'Orient. D'après le budget provisoire de 1854 les dépenses de l'armée devaient être de 308,386,046 fr., et celles de la marine de 116,476,001 fr. D'après le règlement des comptes pour 1854, arrêté par la loi du 3 juin 1857, les dépenses de la guerre s'étaient élevées à 567,245,687 francs, et celles de la marine à

175,088,126 fr., plus 2,797,301 fr. de dépenses extraordinaires. Pour l'année 1855, d'après le budget définitif, arrêté par la loi du 6 mai 1858, les dépenses de la guerre s'élevèrent à 865,607,477 fr., et celles de la marine à 212,677,474 fr., plus 68,821,804 fr. de dépenses extraordinaires. Dans cette année 1855, les dépenses réunies des deux départements de la guerre et de la marine, s'élevèrent donc au chiffre énorme de 1 milliard 147 millions. En 1856, d'après le budget définitif arrêté le 6 juillet 1860, les dépenses de la guerre s'élevèrent à 693,153,176 fr. et celles de la marine à 220,163,567 francs, plus 5,555,146 fr. de dépenses extraordinaires, en tout, 918,870,889 fr. En 1857, année où les derniers comptes de guerre furent liquidés, les dépenses du département de la guerre atteignirent encore 410,919,408 fr., et celles de la marine 138,962,467 fr., plus 4,862,431 fr. de dépenses extraordinaires, soit 100 millions de plus que n'avaient réclamé ces départements dans les budgets de paix, qui précédèrent la guerre de Crimée. D'après ces chiffres, en prenant comme taux normal des dépenses des départements de la guerre et de la marine les chiffres du budget provisoire de 1854, arrêté le 10 juin 1853, on trouve que la guerre d'Orient a forcé la France à plus de 1660 millions de dépenses extraordinaires ; nous ne cachons pas d'ailleurs que ce chiffre est supérieur à celui qui se trouve dans la publication ministérielle sur la guerre d'Orient, mais nous croyons devoir le maintenir ; il résulte d'un examen attentif des faits, et nous le soumettons en toute confiance à toutes les critiques : la méthode que nous avons suivie pour l'obtenir est aussi simple que naturelle : le résultat doit être à l'abri de tout reproche.

La presque totalité de ces dépenses fut couverte par des emprunts, il fallut cependant recourir aux impôts. Le droit de consommation sur l'alcool fut porté de 34 fr. par hectolitre à 50 : on espérait de ce chef un boni de 30 millions. L'impôt sur le prix des places dans les chemins de fer fut également élevé ; de ce chef on croyait à un boni de 6 millions : on créa le droit de dixième sur le prix des marchandises transportées à grande vitesse, c'était un boni de 1,800,000 fr. : enfin on créa le second décime de guerre, qui comme on le sait survécut longtemps à la guerre : ce dernier impôt devait procurer 52 millions au trésor. Ainsi des impôts furent créés par la guerre, qui lui survécurent. Le trésor fut grevé d'une charge permanente pour les intérêts des emprunts. D'après le budget définitif de 1853, arrêté par la loi du 25 juin 1856, le service de la dette n'absorbait que 374,484,506 fr. 74 : dans le budget définitif de 1856, ce service réclama 71,709,380 francs en plus. La dette flottante qui était en 1853 de 614,980,562 francs se trouvait en 1857 de 895,281,625 francs. Les non-valeurs et remboursements qui étaient de 98 millions en 1853, furent de

110 millions en 1854; de 121 millions en 1855; de 128 millions en 1856; les frais de régie et de perception qui n'étaient que de 151 millions en 1853, passèrent à 164 millions en 1854. et à 179 millions en 1855. Pendant que les chapitres de dépenses augmentaient, ceux des recettes restaient stationnaires: c'est ainsi que le produit des impôts indirects fut en 1854 sensiblement le même qu'en 1853. Le plus grand mal financier de la guerre, outre un accroissement de 1660 millions dans les dépenses immédiates, fut la permanence, même après la paix, des chiffres élevés des budgets de la guerre et de la marine. Ces deux départements eurent depuis des exigences bien autrement grandes qu'avant la guerre d'Orient. Il en est ainsi de toutes les guerres: elles produisent d'abord une maladie aiguë, plus ou moins dangereuse et passagère, elles laissent toujours après elles une maladie chronique, qui occasionne des désordres permanents et un état habituel de malaise.

Le Piémont en donnerait la preuve. Dans le compte définitif du budget de 1856, que M. Lanza présentait au parlement, en janvier 1859, les dépenses extraordinaires de la guerre d'Orient pour la Sardaigne, sont établies comme il suit:

	Ministère de la guerre	Ministère de la marine	Total.
Payements effectués en 1855.	19,790,741	2,416.467	22,207,208
A REPORTER.	19,790,741	2,416,467	22,207,208

REPORT. . . .	19,790,741	2,416,467	22,207,208
Payements effectués en 1856.	22,654,659	4,897,180	27,551,839
Frais reportés sur l'exercice de 1857	2,500,928	645,415	3,146,343
Mandats expédiés et non satisfaits à la fin de 1856	2,196	»	2,196
	44,948,524	7,959,062	52,907,586

C'était donc près de 53 millions que le petit pays sub-alpin avait dépensés pour la guerre d'Orient, en outre des dépenses ordinaires de la guerre et de la marine. Aussi en 1855 et en 1856 avait-il contracté deux emprunts de guerre, l'un de 2 millions de livres sterling, l'autre de 30 millions de francs. Il marchait déjà à grands pas dans cette voie périlleuse des emprunts qui devait le mener aux perplexités où se trouve actuellement la grande et jeune Italie.

On voudrait connaître l'appoint que la Turquie vint apporter aux dépenses des alliés : mais ici la certitude et la précision nous quittent. M. Eugène Poujade estimait en l'année 1857, la dette de la Turquie, en y comprenant les emprunts contractés pendant la guerre d'Orient, les caimes ou papier monnaie, portant ou ne portant pas intérêt, les séims anciens et les séims nouveaux, les dettes de l'arsenal anciennes et récentes, les dettes diverses réglées ou non réglées après la guerre, à la somme totale de 705 millions au moins. (Annuaire du crédit public, 1re année, 265-66). Il est difficile de savoir au juste ce qui revient dans cette somme à la guerre de Crimée : mais si on songe aux frais qu'a dû entraîner la campagne d'automne et d'hiver en Valachie ainsi que la campagne d'Asie, et l'entretien du corps de Sébastopol, l'évaluation à 400 millions des dépenses de guerre de la Turquie, semble plutôt au-dessous de la vérité. Ainsi 1855 millions pour l'Angleterre; 1660 pour la France; 400 pour la Turquie; 53 pour le Piémont : c'est-à-dire 3 milliards 968 millions, voilà ce que l'expédition d'Orient a couté aux puissances alliées.

Essayons maintenant de déterminer avec toute la précision possible l'augmentation des charges de la Russie par suite de cette guerre. « Il est difficile d'établir le chiffre exact de la dette publique de la Russie, écrivait M. Maurice Block ; le document officiel russe qui en rend compte semble être rédigé d'une manière si peu claire que ceux qui ont cherché à y puiser quelques renseignements ont trouvé des chiffres différents les uns des autres. » (Puissance comparée des divers Etats de l'Europe). Des travaux récents ont porté plus de lumière sur ce terrain obscur, où il est actuellement possible de s'aventurer avec précaution. Les considérations que

M. Wolowski publiait, il y a trois ans, dans la *Revue des Deux-Mondes*, rapprochées des renseignements précis que fournit l'*Annuaire des finances* de M. Horn, et des prévisions de M. Léon Faucher, au début de la guerre ont beaucoup simplifié les difficultés.

Le montant de la dette consolidée, lors du commencement des difficultés avec la Porte, était de 336,219,412 roubles argent, soit 1513 millions de fr.; en 1857, cette même dette atteignait 522 millions de roubles argent, soit 185,785,588 roubles argent de plus qu'avant la guerre, c'est-à-dire 743,142,352 fr. Le chiffre des billets de crédit, papier monnaie, avant la guerre ne dépassait pas de beaucoup 300 millions de roubles; vers la fin de 1854, il était de 356 millions; en 1855, de 509; en 1856, de 689; en 1857, année de la liquidation, il atteignait 735 millions de roubles ou 2 milliards 940 millions de francs; la guerre augmenta donc le nombre des billets de crédit de 435 millions de roubles ou 1740 millions de francs; avec l'augmentation de la dette consolidée, c'est un total de 2 milliards 483 millions de francs. Ce n'est pas là le solde des frais de guerre. Le gouvernement russe réalisa les 100 millions qu'il avait placés en 1847 à l'étranger, dont 50 millions en rentes françaises. Il détourna de leur destination une grande partie des fonds destinés à garantir le remboursement des billets de crédit. Ces fonds, en mars 1854, montaient encore à près de 160 millions de roubles argent; au mois de septembre ils ne s'élevaient plus qu'à 146 1/2 millions de roubles; ils ne cessèrent de décroître pendant la guerre jusqu'à tomber aux environs de 100 millions de roubles. Il faut tenir compte aussi des dons volontaires. Le clergé, au commencement de 1854, offrait 80 millions de francs; les autres contributions volontaires étaient portées par M. Léon Faucher à 100 millions de francs; si nous supposons, ce qui est probable, que pendant le reste de la guerre, ces dons volontaires furent doublés, c'est-à-dire de 180 millions de francs (y compris l'offre du clergé), auxquels M. Léon Faucher les portait en 1854, montèrent pendant toute la durée de la guerre au chiffre de 360 millions, nous arrivons à un total de 3 milliards 183 millions. Il faut tenir compte encore des augmentations d'impôts qui furent importantes (c'est ainsi que par un ukase du 1er décembre 1854, l'impôt du sel fut élevé de 28 kopecks à 44, toutes les autres taxes indirectes eurent le même sort). Il ne faut pas perdre de vue les contributions en nature qui, dans un pays primitif comme la Russie, doivent être très-considérables. Il faut se rappeler que les réquisitions jouèrent un grand rôle dans cet empire immense, parcouru de tous côtés par des milliers d'hommes, qui se rendaient en Crimée des provinces les plus éloignées. Les seules réquisitions faites par les Russes en Valachie ont été estimées par M. Ubicini, à 50 millions de francs. Si on fait entrer tous ces éléments en ligne de compte, on verra que la Russie n'a pas dépensé moins de 4 milliards pour la guerre de Crimée.

Nous n'en avons pas fini avec les frais extraordinaires que la guerre de Crimée imposa aux puissances européennes. La neutralité parfois coûte cher, l'Autriche en donne la preuve. Voici les dépenses militaires de l'Autriche pour les trois années 1855-56 et 57 :

	1855		1856	1857
Dépenses ord.	114,320,715	florins	109,695,558	106,890,019
— extr.	101,720,117		14,138,279	11,130,634

Les dépenses ordinaires du ministère de la guerre pour 1857, sont encore supérieures à ce que ces dépenses étaient avant le conflit turco-russe. Nous pouvons donc prendre cette somme de 107 millions de florins comme le taux normal des dépenses militaires en temps de paix ; nous voyons alors que le surcroît de dépenses que la guerre de Crimée imposa à l'Autriche s'élève au chiffre de 137,129,000 florins, soit environ 343 millions de francs. On sait que l'Autriche contracta pendant la guerre d'Orient trois grands emprunts dits nationaux, qui devaient servir à libérer l'État de ses vieilles dettes envers la banque, mais dont la plus grande partie passa ailleurs, et notamment dans les dépenses extraordinaires suscitées par la neutralité expectante qu'elle crut devoir maintenir pendant la lutte.

La même guerre et les complications qu'elle pouvait faire naître déterminèrent le gouvernement prussien à demander aux chambres, en 1854, un crédit extraordinaire de 30 millions de thalers (112,500,000 francs), pour le ministère de la guerre. En même temps on augmentait divers impôts. Nous nous empressons de dire que le gouvernement prussien eut la sagesse de ne dépenser qu'une partie de l'emprunt en armements. La Suède, le Danemark votèrent aussi des crédits extraordinaires ; la Confédération germanique fit également des préparatifs : de sorte que si l'on ajoute toutes ces dépenses aux 343 millions dépensés par l'Autriche, on peut admettre sans exagération que les dépenses totales des puissances neutres montèrent à 500 millions, ce qui avec les 4 milliards environ dépensés par les quatre alliés, et les 4 milliards également que la guerre a dû coûter à la Russie, donne un total de 8 milliards et demi.

Est-ce là toute l'étendue des pertes ? Non certes. Ce qu'une guerre coûte aux finances publiques d'un pays, ce qui figure au budget en son nom ne représente qu'une faible partie des pertes qu'elle impose à la fortune nationale : la suspension de l'industrie, la ruine du commerce, le désordre porté dans toutes les conditions économiques, les faillites, les chômages, ce sont là des maux bien autrement grands. Qui croirait que la guerre d'Orient n'a enlevé à la Russie que 4 milliards, n'aurait aucune idée de l'immense consommation de capitaux que cette guerre a faite. Jamais, depuis le blocus continental, une nation ne s'était trouvée sous l'étreinte d'une lutte aussi formidable pour tous ses intérêts économiques et commerciaux. Ses ports bloqués ne permettaient ni l'exportation ni l'importation : ses vaisseaux pourrissaient à l'ancre derrière les forteresses : dès le mois de mars 1854, il n'y avait plus un seul pavillon russe dans les ports de la France ou de la Grande-Bretagne ; et ceux que l'hiver y avait retenus, avaient été vendus pour échapper aux risques d'une saisie (*Blackwood magazine*, 1er avril 1854) ; les vaisseaux marchands qui s'étaient laissé surprendre dans la mer Baltique, dans la mer Noire, et jusque dans la mer d'Azof où ils se croyaient protégés par la flotte, avaient été détruits. A combien estimer la perte de ces navires et de ces cargaisons ? A combien évaluer le déchet et l'intérêt du capital de ceux qui dépérissaient dans les ports ? Les vaisseaux neutres, eux-mêmes, n'avaient pas pleine liberté d'aller et de venir, chargés de cargaisons russes ; c'est ce que prouvent, en dépit des conventions passées entre la France et l'Angleterre au début de la guerre, le regrettable incident de Port-Baltique, et la circulaire russe du 28 avril 1855. A Riga, à Odessa l'immense commerce des lins, des chanvres, des graines oléagineuses et des céréales était complètement suspendu. Il est vrai, ces marchandises pouvaient par de longs détours prendre la route de Prusse; mais au lieu du fret si faible dont les chargeait le transport par mer de Riga à Londres ou d'Odessa à Marseille, il fallait subir les dépenses accablantes d'un long circuit par terre dans un pays où les routes étaient rares, et où tout était mis en réquisition pour l'armée. Les exportations de Russie pour l'Angleterre, qui, au dire de M. Cobden (discours du 20 mars 1854), s'élevaient en moyenne à 350 millions, étaient presque arrêtées. Aussi le tarif des douanes russes donna-t-il bientôt la preuve des pertes énormes subies par la Russie dans cette guerre :

Totaux des recettes douanières russes de 1853 à 1857.

1853. . . .	28,337,674	roubles.
1854. . .	20,864,391	—
1855.	18,473,101	—
1856.	29,607,620	—
1857. . .	35,798,581	—

Si nous citons ces chiffres, ce n'est pas pour donner le montant de la perte supportée de ce chef par le trésor public, c'est pour indiquer l'immensité des ruines particulières que cette réduction du commerce extérieur a dû produire dans toute l'étendue de l'empire.

Et la propriété foncière, que devenait-elle pendant ces trois années? Les levées qui enlevaient à l'agriculture trois fois plus de paysans censitaires qu'à l'ordinaire, n'était-ce pas pour la propriété foncière une charge accablante? Une levée de 300,000 serfs, au-delà du recrutement ordinaire, dit M. Léon Faucher, c'est un impôt de 300 millions sur le capital foncier, sans parler de l'équipement mis à la charge des seigneurs, et qui représente encore une somme de 50 millions de francs : qu'on y joigne les réquisitions en vivres, en fourrages, en chariots de transport : qu'on y ajoute la perte causée par l'impossibilité de l'exportation des blés et des matières premières.

Que dire du cours forcé, du désavantage du change, de la baisse des billets de crédit, qui dès la première année de guerre au lieu de 4 fr. le rouble ne valaient plus que 3 fr. 08 c., et de chute en chute, arrivèrent à ne plus valoir que 1 franc? Que dire des détournements des dépôts confiés à la banque d'emprunt, à la banque du commerce, aux lombards, aux hospices d'enfants trouvés? Toute cette désorganisation économique, toute cette instabilité dans les rapports des valeurs, de combien de faillites et de banqueroutes ne furent-elles pas la cause?

Ces pertes indirectes, colossales, croit-on que la Russie fut seule à les supporter? Sans doute les grandes nations de l'Occident ne furent jamais dans un pareil état de crise; mais elles aussi expièrent la folie de la guerre par des pertes plus nombreuses et plus cruelles que celles qui figurent à leur budget. Sans parler du ralentissement des affaires, que la crainte de complications dangereuses occasionna dans toutes les parties du monde, sans traiter ici la question spéciale de la dépréciation des valeurs mobilières, n'avons-nous pas vu déjà que le produit des taxes indirectes qui depuis longues années n'avait fait qu'augmenter en France, s'était trouvé en 1854 sensiblement le même qu'en 1853 ? Toutes ces matières premières que la Russie exportait pour l'Occident ne lui firent-elles pas défaut ? Ces 350 millions auxquels M. Cobden évaluait la somme des marchandises russes dont avait impérieusement besoin l'industrie anglaise, ne lui manquèrent-ils pas pendant deux ans ? « Prenez les articles de lin et de chanvre, disait M. Cobden, il est des districts entiers du West-Riding, que je représente, qui souffriraient cruellement d'une interruption de nos relations commerciales avec la Russie. C'est Sheffield qui consomme l'article fer russe, eh bien, l'on m'assure que sans le fer russe, Sheffield ne pourrait guère fabriquer sa plus fine coutellerie. » Le marché si fructueux pour l'Angleterre de la Valachie et de la Moldavie ne fut-il pas fermé pendant longtemps au commerce anglais ? N'y eut-il pas également un déchet considérable par suite de la guerre, et des dépenses extraordinaires dont les populations turques furent grevées, dans le commerce jusque-là si actif entre l'Angleterre et la Turquie ? Enfin n'est-il pas vrai que la France comme l'Angleterre furent spécialement frappées par l'impossibilité de recourir aux approvisionnements de la Russie pour combler le déficit de leur récolte? Excepté en Russie, les récoltes étaient trop faibles dans toute l'Europe. Si la paix eût subsisté, la Russie eût pu facilement en deux ans fournir à ses voisines près de 40 millions d'hectolitres, écrivait M. de Molinari, dans le *Journal des Économistes*. Mais tous ces blés étaient retenus à Odessa par les flottes alliées, qui pour nuire aux Russes affamaient leur propre pays. Les revues torys annonçaient qu'avec quelques shellings de plus par hectolitre on pouvait faire venir en Angleterre les blés du far-west de l'Amérique (*Blackwood magazine*, 1er avril 1854). Mais quelques shellings de plus par hectolitre, c'est assez pour mettre la disette à la place de l'abondance. N'est-il pas certain encore que la France et l'Angleterre se firent à elles-mêmes un dommage permanent en ruinant la Russie? La masse d'affaires que l'on peut faire avec un peuple aussi bien qu'avec un particulier est proportionnée à ses ressources : tout ce qui appauvrit une nation est dommageable pour celles qui commercent avec elle; c'est folie de ruiner son acheteur ou son vendeur, c'est lui ôter les moyens d'acheter ou de produire. En réalité c'était contre l'industrie anglaise et française, autant que contre l'industrie russe que nos croisières bloquaient les ports de la Baltique; et la flotte qui fermait les ports de la mer Noire ne nuisait pas moins aux populations affamées de l'Angleterre et de la France qu'aux propriétaires russes.

Nous avons essayé d'analyser les ruines que cette guerre de Crimée, si légèrement entreprise, a accumulées : 8 milliards et demi ont grevé à cause d'elle les finances de l'Europe; mais à combien s'élèvent toutes ces pertes indirectes que nous avons notées, et une foule d'autres qui nous ont échappé : le calculer est impossible, l'évaluer même approximativement, ce serait de la présomption.

GUERRE D'ITALIE.

Nous n'avons sur les pertes de la guerre d'Italie aucun de ces travaux d'ensemble, qui nous ont été si précieux pour la Crimée. En attendant que le travail que prépare actuellement le docteur Chenu ait vu le jour, nous sommes réduits aux contradictions des différents relevés officiels faits avec trop de hâte et de confusion. Nous prendrons principalement pour guide le mémoire lu par le baron Larrey à l'Académie de médecine, tout en le corrigeant par les évaluations postérieures, provenant soit de médecins et statisticiens distingués, soit de nouvelles données ministérielles.

On a précisé de la manière suivante le chiffre des pertes, comprenant tués, blessés et disparus dans les trois armées : 38,650 Autrichiens, 17,775 Français, 6,575 Sardes. Total : 63,000. Tels sont les résultats obtenus par l'un de nos statisticiens militaires les plus distingués, M. Boudin, directeur des *Mémoires de médecine et de chirurgie militaire.* L'état général des pertes n'est que de 61,978, d'après les relevés officiels réunis sous la direction de M. le colonel Saget, chef des travaux historiques de la statistique militaire, au ministère de la guerre. L'écart entre ces deux chiffres n'est que de 1,022 hommes ; et il faut dire que dans les relevés du colonel Saget on n'a pu tenir compte d'un nombre variable de disparus ou de blessés, dont la présence n'a pas été notifiée aux hôpitaux.

La confusion des chiffres officiels est d'ailleurs des plus grandes. A Magenta, par exemple, certains relevés officiels portent à 3,223 seulement le nombre des tués et des blessés ; des relevés postérieurs élèvent ce nombre à 4,535 en y comprenant, il est vrai, les disparus, qui, pour la plupart, furent retrouvés parmi les morts. Il en est de même pour Solferino, où la première évaluation pour l'armée française est de 8,530 tués ou blessés, chiffre qui s'élève dans des documents postérieurs à 11,670 soldats, plus 720 officiers. En pareille matière les chiffres les plus gros et les plus récents sont les plus vrais.

« La statistique des décès, dit le docteur Larrey, nous semble plus difficile à établir que celle des blessures. Formant d'abord, d'après les relevés officiels du ministère, un total de 8.084 hommes, tant Français, que Sardes et Autrichiens tués seulement sur le champ de bataille, cette statistique confond ensuite pour l'armée française, les hommes qui, pendant la durée de la campagne, sont morts, soit de blessures, soit de maladies. Mais combien sont morts plus tard, combien même ont été portés comme disparus, et qui ont pu périr soit en se noyant dans les fleuves, soit autrement » (Larrey, page 61).

Pendant la campagne même, les maladies n'eurent qu'une faible influence sur notre armée, mais pendant l'occupation et au retour, elles firent de nombreuses victimes. La mortalité qu'elles causèrent « semble avoir dépassé pour l'armée française le nombre des hommes tués sur le champ de bataille. » (Larrey, page 62.) « Nous semons nos hommes dans les hôpitaux sur toute la route, » écrivait au retour un médecin de régiment.

Une publication émanée du bureau de la statistique générale de France nous donne les renseignements suivants sur les décès dans l'armée française en 1859 :

Nombre des soldats décédés en :

	France.	Algérie.	Italie.	Rome.	Total.
Morts sur le champ de bataille ou aux ambulances.	32	54	5,872	»	5,868
Morts dans les hôpitaux . . .	5,835	2,361	4,360	84	12,640
Suicidés. . .	112	24	31	»	167
	5,979	2,439	10,263	84	18,675

Les 10,263 soldats, morts en Italie, ne sont certainement pas les seules victimes de la guerre : il y faut joindre ceux qui, la campagne finie, vinrent succomber dans les hôpitaux de France aux blessures ou aux maladies contractées pendant l'expédition, et ceux-ci durent être nombreux, si l'on tient compte des observations du docteur Larrey ; il y faut ajouter, suivant l'usage adopté par tous les statisticiens militaires, par le docteur Chenu, par le docteur Lœffler et par les auteurs des relevés anglais sur la guerre d'Orient, ceux qui périrent pendant l'année suivante des suites de la campagne. On n'hésitera pas alors à admettre que la guerre d'Italie a coûté la vie à 15,000 Français au moins.

Si, d'autre part, nous observons que par diverses raisons, la plus grande précision de nos armes, le calibre plus fort de nos projectiles, le désarroi inséparable de la défaite, la mortalité par suite de blessures a été dans l'armée autrichienne infiniment plus considérable que dans l'armée française (Larrey, page 59) ; si nous nous rappelons qu'il en a été de même pour la mortalité par maladie, que l'excès de fatigue, le défaut de vivres ont beaucoup plus frappé le camp ennemi que le nôtre, qu'après Solferino, les hôpitaux de Vérone encombrés ont été envahis par la pourriture d'hôpital et le typhus (Larrey, page 57); si, passant à l'armée italienne, nous tenons compte de l'observation du docteur Cazalas que les blessures par des causes diverses occasionnèrent chez les Italiens une mortalité plus grande relativement que chez les Français; le nombre de nos morts par le feu et les maladies étant de 15,000, nous pouvons par des inductions légitimes porter la perte des trois armées à 45 ou 50,000 hommes, tués par le feu, morts par les fatigues, les privations et les maladies diverses.

Des pertes d'hommes nous allons passer aux pertes d'argent. Nous ne trouverons pas là ces formidables lignes de chiffres que nous avons rencontrées dans l'examen de la guerre de Crimée. Mais nous entrerons dans quelques détails sur les expédients désastreux auxquels dut avoir recours un empire aux abois pour suffire à des dépenses funestes qu'un orgueil déplacé l'avait entraîné à faire. Nous analyserons de près toutes ces inventions ruineuses que le mauvais génie financier de l'Autriche lui suggéra. Nous verrons l'abîme du papier-monnaie et du déficit s'ouvrir et se creuser de plus en plus, et la guerre de Lombardie être pour l'Autriche, comme pour l'Italie, la cause, si ce n'est première et unique, du moins principale de ce désarroi économique et financier qui arrête l'essor commercial et industriel de deux grands peuples, leur enlève tout esprit d'entreprise et les condamne à l'inaction et à la misère. Nous verrons aussi le contre-coup de la guerre atteindre les puissances neutres; nous verrons les emprunts et les crédits extraordinaires gagner de proche en proche tous les États d'Allemagne, et la contagion des armements et des folles dépenses guerrières envelopper ceux-là même que leur situation mettait à l'abri de toute crainte de guerre.

En ce qui concerne la France, les crédits accordés d'abord par la loi de budget au ministère de la guerre en 1859 s'étaient élevés à 337,447,500 francs. Divers décrets impériaux y ont ajouté les crédits supplémentaires suivants :

Décret du 2 juillet 1859. . . .	850,000 fr.
— du 14.	131.360,000
— du 17 août	24,470,000
—	23,500,000
— du 11 décembre. . . .	26,380,000
— du 18 février 1860. . .	9,380,000
Ensemble	215,940,000
Dont il y a à déduire pour crédits annulés par les décrets des 18 et 28 février 1860.	30,122,000
Reste en crédits ouverts par décrets.	185,818,000

Deux crédits antérieurs ouverts par des lois spéciales (31 mars et 4 juin 1859) se montaient à. . .	90,158,691
	276,018,691
Ce qui donne, avec le budget, un total de.	613,466,191
A quoi s'ajoutent pour dépenses d'exercices clos.	7,350,475
faisant monter le budget de la guerre en 1859 au chiffre de.	620,816,666

Ce chiffre n'a été dépassé antérieurement que par deux exercices, ceux de 1855 et 1856; le premier, où les dépenses du budget de la guerre se sont élevées à 865 millions, le second à 693 millions. Les dépenses totales du budget de la marine ont été, dans l'année 1859, de 213,8 millions; celles de l'Algérie et des colonies, de 39,6. C'est 92 millions de plus que pendant les années de paix précédentes; le ministère de la guerre, de son côté, avait réclamé 283 millions de plus que le chiffre normal en temps de paix, ce qui nous permet d'évaluer les dépenses de la guerre d'Italie pour la France à 375 millions et demi. On le voit, l'emprunt de 500 millions fut loin d'être absorbé. Le budget extraordinaire des travaux publics, voté le 26 juin 1860, décida l'affectation à de grands travaux d'utilité générale « des fonds restant libres sur l'emprunt. »

La guerre d'Italie exigea de l'Autriche des sacrifices bien autrement considérables. Le jour même du passage du Tessin (29 avril), la *Gazette de Vienne* annonçait aux populations autrichiennes qu'un décret en date du 11 avril dispensait la banque de Vienne de l'échange de ses billets contre argent et donnait cours forcé à son papier. La banque avait payé cette faveur par un prêt de 134 millions de florins (335 millions de francs) qualifié d'avances sur le compte d'un emprunt public de 200 millions de florins à contracter dans un moment plus opportun. Ce n'était là qu'une mesure initiale, comme une sorte d'entrée en matière.

L'impossibilité d'avoir recours à l'emprunt public forçait de surélever les impôts. L'aggravation des charges contributives fut poussée à ses dernières limites : on épuisa la matière imposable. Les décrets du mois de mai atteignent toutes les provinces : la Hongrie avait été exemptée jusque-là des taxes sur le vin et sur la viande, on l'y soumet : dans toute la monarchie, les impôts de consommation sont augmentés de 20 pour 100. Or il en est des nations comme des ménages individuels, moins la richesse publique est développée, plus grande est la quote-part que les dépenses de consommation proprement dite, de consommation de bouche, prélèvent sur le revenu total des individus ou de la masse. Ces impôts excessifs sur la viande, sur la mouture, sur le vin, sur la bière sont bien plus lourds pour les populations de l'Autriche qu'ils ne le seraient pour celles de France ou d'Angleterre. L'impôt du sel, fortement aggravé depuis 1850, fut surélevé par le décret du 7 mai. Les populations pauvres de l'Autriche payaient déjà, en moyenne, 33 millions de florins sur le sel, on voulait leur en faire payer 38, c'est-à-dire 85 millions de francs.

Les décrets du 7 mai, qui frappaient si rigoureusement la consommation, atteignaient aussi les transactions en surélevant le taux de tous les droits (Gebühren), timbre, enregistrement, greffe. L'augmentation variait de 15 à 40 pour 100 : et cela au moment où la stagnation des affaires, la dépréciation et les variations des signes monétaires rendaient déjà les transactions si difficiles et si périlleuses.

Un décret du 13 mai vint surélever également les impôts directs pour la durée, non-seulement de la guerre, mais « des circonstances extraordinaires amenées par les evénements de la guerre. » L'impôt foncier, qui prélevait déjà de 12 à 16 pour 100 du rendement moyen des terres, fut augmenté d'un sixième ; il en fut de même pour l'impôt de loyer (zinsteuer). L'impôt sur les maisons dans les campagnes ou impôt de classes (classensteuer) fut augmenté de moitié. L'impôt industriel qui pèse sur les fabricants, commerçants, artistes, et l'impôt du revenu, furent haussés d'un cinquième. Quelles souffrances et quelles misères imposées aux populations par l'honneur prétendu de la maison de Hapsbourg !

Mais rien n'égalait la plaie du papier-monnaie et les souffrances dont il était cause. La dépréciation du papier-monnaie, a-t-on dit avec raison, semble soumise à une loi analogue à celle qui règle la vitesse de chute d'un bloc de rocher tombant d'une montagne. Elle va toujours croissant comme par une progression géométrique. Le papier des États-Unis, pendant la guerre de sécession, se maintint longtemps avec une perte d'un cinquième ou d'un quart; de là il descendit assez vite à une dépréciation de moitié, beaucoup plus vite à une dépréciation des deux tiers. Si le Sud moins exténué avait pu continuer la guerre un an de plus, la perte sur les *greenbacks* eût été vraisemblablement des cinq sixièmes (Michel Chevalier, *Revue des Deux Mondes* du 1er juin 1866). L'Autriche, en 1859, se trouvait dans une situation analogue ; il lui fallait se procurer des ressources effectives, c'est-à-dire de l'or et de l'argent. Le 25 mai 1859, elle imposait aux populations lombardes et vénitiennes un emprunt forcé de 75 millions en espèces; la ville de Venise ne put payer le premier terme qu'en augmentant de 85 pour 100 les impôts industriels et du revenu, et en ajoutant des kreutzers additionnels à l'impôt foncier. Que d'expédients n'imagina-t-on pas pour s'emparer de tout l'or et l'argent de l'empire. L'État qui ne payait qu'en papier, a exigé par une ordonnance du 29 avril, que les droits de douane fussent payés en espèces. Ce fut la ruine du commerce extérieur. Le négociant qui supportait déjà un agio de 30 à 50 pour 100 sur le prix des marchandises achetées à l'étranger, dut supporter encore le même agio pour se procurer l'argent nécessaire au payement des droits de douane. La dernière de ces mesures ruineuses devait être la banqueroute : l'État y était invinciblement porté ; le 11 juin une ordonnance suspendait le payement en espèces des *métalliques* pendant tout le temps que dureraient les circonstances extraordinaires amenées par les événements de la guerre. Il était temps qu'arrivât Villafranca.

Au retour de la paix, la banque était plus que jamais incapable de reprendre ses payements en espèces; avec un encaisse de 79 millions de florins elle se trouvait en face d'une circulation de 453 millions. Les augmentations d'impôts qui nous ont paru si terribles, étaient maintenues indéfiniment par le décret de décembre 1859. Le budget de guerre avait été démesurément enflé. Il était de 106 millions de florins en 1858; en 1859 il monta à 292 : l'augmentation était donc de 186 millions de florins, ou 480 millions de francs environ. Mais ce n'étaient là que les dépenses déjà liquidées en 1859. Le budget de la guerre en 1860 offre 138 millions de dépenses ordinaires et 36 millions de dépenses extraordinaires, en tout plus de 174 millions ; il dépasse par conséquent de 68 millions de florins ou de 175 millions de francs le budget de la guerre de 1858; le budget de 1861, au contraire, se rapproche sensiblement du budget de 1858, que l'on peut considérer comme budget normal du département de la guerre en temps de paix. Les dépenses extraordinaires de la guerre d'Italie pour l'Autriche sont donc de 186 millions de florins liquidés en 1859, plus 68 millions qui ne furent payés qu'en 1860, en tout 254 millions de florins, ou environ 650 millions de francs. Mais ces chiffres ne donnent pas une expression exacte des charges des populations. Le désarroi économique et industriel, la matière imposable dévorée par le fisc, les variations des signes monétaires, le désavantage du change, tous ces fléaux allaient devenir pour l'Autriche des maladies chroniques; voilà ce que coûtait un faux point d'honneur. Pour juger de l'état de ruine auquel le régime militaire qui aboutit à la guerre de 1859 avait conduit ce bel et grand empire, il faut comparer la situation financière pendant les douze années qui s'écoulent de 1848 à 1859 à la période précédente. La période de six ans qui s'écoule de 1842 à 1848, s'était soldée à peu près en équilibre. « On peut donc conclure que les dépenses étaient établies dans cette période sur un pied raisonnable, et que si elles ne s'étaient accrues dès lors que proportionnellement aux recettes, la période duodécennale de 1848 à 1859 aurait donné un résultat non moins satisfaisant. La différence entre cette dépense pour ainsi dire permise et la dépense effective, représente donc la part qui revient à chaque chapitre dans le déficit total. Des calculs établis sur cette base feraient voir qu'au déficit total de 1232 millions de florins, ont contribué les charges d'administration civile pour 153 millions de florins, le département de la guerre pour 868 et les dépenses de la dette pour 211. Cette dernière augmentation, ayant surtout été nécessitée par l'accroissement exagéré des dépenses administratives et militaires, devrait être répartie entre ces deux chapitres proportionnellement à leur déficit. Les quotes-parts dans le déficit général s'établiraient alors à 185 millions pour l'administration civile, et à 1047 millions de florins (2 milliards 700 millions de francs) pour l'administration militaire. » (Horn, *Annuaire du crédit et des finances*, t. III. Autriche.)

Ainsi c'étaient 2 milliards 700 millions qu'avaient coûté en douze ans, à l'Autriche, les fautes de la maison de Hapsbourg; cette persistance à retenir malgré eux les peuples sous un sceptre despotique, cette susceptibilité excessive d'amour-propre et d'honneur, le peuple autrichien l'avait expiée par près de 3 milliards de francs dont sa dette s'était grossie, sans compter l'accumulation des pertes et des ruines particulières.

Nous voudrions que la jeune Italie pût servir de contraste à la vieille Autriche; mais pour son malheur l'Italie libérale et une doit son origine à la guerre : elle porte et elle portera longtemps encore la peine de cette erreur ou de cette fatalité originelle. Elle aura pendant des années à lutter contre ce déficit que la guerre a créé, contre ce désarroi économique et industriel que les dépenses militaires ont amené. Cette désorganisation de toutes les forces productives de la Péninsule, c'est la lutte de 1859 qui l'a commencée, celle de 1866 qui l'acheva.

Depuis longtemps déjà le petit Piémont si plein de sève et de vigueur était consumé par les armements; il était sans cesse l'arme au bras, distrait des travaux de la paix, l'œil fixé sur le Tessin et sur le Pô, qu'il semblait prêt à franchir. Son état ordinaire était cet état voisin de la crise que les Allemands appellent la *Kriegsbereitschaft*. Le budget de 1859 calculé pour la paix, présenté le 22 février 1858 au parlement sarde, quand rien n'indiquait une guerre prochaine, se résumait en un déficit de 12 millions; combien la guerre ne vint-elle pas l'augmenter ! Avant l'ouverture des hostilités, le gouvernement de Turin avait contracté un emprunt de 50 millions de lires; l'Autriche avait fait de même à Londres, également avant l'ouverture de la guerre : ici commence un parallélisme vraiment curieux entre la conduite financière de l'Autriche et celle du Piémont. Le jour même où la *Gazette de Vienne* publiait un décret impérial établissant le cours forcé, le 29 avril 1859, le gouvernement de Turin, comme s'il s'était concerté avec celui de Vienne, dégageait la banque nationale de l'obligation de payer ses billets et leur donnait cours forcé, en échange d'un prêt de 30 millions de lires à 2 pour 100; plus tard le même privilége fut étendu à la banque de Gênes moyennant un prêt de 5 millions; ainsi, le 29 avril, à Vienne et à Turin, les gouvernements infligeaient aux peuples les calamités du papier-monnaie. Ce n'était en Piémont comme en Autriche, qu'une mesure initiale; il fallut élever les impôts : un décret royal les augmenta en masse de 10 p. 100 : ces augmentations, comme toujours, survécurent à la guerre.

Malgré l'emprunt de 50 millions contracté avant l'ouverture des hostilités, malgré un nouvel emprunt de 100 millions contracté pendant la guerre, bien que la dette du petit Piémont qui était de 800 millions avant la guerre, eût été portée à près d'un milliard, en dépit de la surélévation de tous les impôts, comme pour l'Autriche, il y eut un déficit considérable. D'après le rapport présenté par M. Galeotti, au nom de la commission qui avait été chargée d'examiner la demande d'autorisation pour un nouvel emprunt de 150 millions en 1860, la gestion financière de 1859 s'était soldée par un déficit total de 104,399,956 fr. La guerre de 1859 avait coûté au Piémont 255 millions de francs, sans compter l'augmentation de 10 pour 100 sur tous les impôts, sans compter les maux incalculables du papier-monnaie.

La France avait dépensé 375 millions et demi, le Piémont 255, l'Autriche 650; c'est un total de 1280 : ce n'est pas encore là le solde des frais que suscita cette guerre. Il faut tenir compte des dépenses faites par l'Allemagne en armements extraordinaires.

On sait quelle fermentation la guerre de 1859 excita en Allemagne, comment, tout à coup, les vieilles rancunes se réveillèrent et comment un frémissement de colère agita les populations germaniques sur tout le territoire de la Confédération. De là des préparatifs considérables, qui exigèrent des crédits supplémentaires et des emprunts.

En Prusse la loi du 21 mai 1859, pour le cas où la mobilisation de l'armée deviendrait nécessaire dans le courant de l'année, autorisait le ministre des finances à surélever de 25 pour 100 l'impôt du revenu, l'impôt de classes, l'impôt de mouture et d'abâtage; l'ordre du cabinet du 14 juin qui prescrivait la mobilisation de six corps d'armée, fut suivi aussitôt de cette augmentation, qui subsista bien après la fin de la guerre. Une seconde loi également du 21 mai autorisait le gouvernement à faire toutes les dépenses extraordinaires qui seraient exigées par la *Kriegsbereitschaft*. A cet effet le gouvernement pouvait emprunter jusqu'à concurrence de 40 millions de thalers (150 millions de francs). Un ordre royal du 26 mai prescrivit aussitôt la négociation d'un emprunt de 30 millions de thalers (112 millions et demi de francs).

Les dépenses des petits Etats furent relativement bien plus considérables que celles de la Prusse. Dans le duché de Bade les dépenses extraordinaires de guerre, par suite de la *Marschbereitschaft*, s'élevèrent à 4,257,000 florins (9,109,980 fr.). On y pourvut au moyen de sommes destinées à la construction de chemins de fer, dont on retarda l'exécution. Le 7 juin, les chambres de Hesse-Darmstadt votaient à l'unanimité un emprunt de 4 millions de florins (8,560,000 fr.). La Hesse électorale avait voté un crédit de 700,000 thalers (2,625,000 fr.) qui se trouva épuisé à la fin de juin 1859; le gouvernement en demanda un nouveau de 1,300,000 thalers (4,275,000 fr.). Le Wurtemberg fit un emprunt de 7 millions de florins (14,980,000 fr.). Dans le Hanovre, les dépenses extraordinaires de guerre montèrent à 11 millions et demi de francs. En Saxe, les subsides votés furent de 5,636,725 thalers ou 21,137,718 f. En Bavière, les crédits pour les armements imprévus atteignirent 80 millions de francs. . our ces sept Etats secondaires, c'est donc une dépense de 152 millions; si l'on y ajoute les dépenses de la Prusse et celles des autres petits États de la Confédération, sur lesquels nous n'avons pu nous procurer de données positives, les dépenses des trois puissances belligérantes se trouvant être de 1280 millions, la dépense totale des belligérants et des neutres dépassera certainement 1500 millions.

Ainsi 1 milliard et demi de charges pour les finances de l'Europe centrale, des surélévations d'impôts, accidentelles par leur origine, mais que la force des choses fit permanentes; l'augmentation des budgets de la guerre, qui ne revinrent jamais complètement à leur niveau antérieur; la désorganisation économique et industrielle de l'Italie et de l'Autriche, voilà ce que coûta à l'Europe cette guerre si courte, qu'un peu de bonne volonté de la part du gouvernement de Vienne eût si facilement évitée.

GUERRE D'AMÉRIQUE

De toutes les consommations d'hommes faites par la guerre, voici la plus effroyable. En quatre ans le Nord appela sous les armes 2,656,000 hommes; à ce flot humain qui était lancé contre lui, le Sud répondit en opposant la digue longtemps invincible de 1,100,000 poitrines. Pour que le Sud fût conquis, il fallut que ces 1,100,000 soldats dont un grand nombre étaient des enfants de seize ans ou des vieillards de soixante, fussent violemment balayés et que plus de la moitié eût succombé à la violence de la lutte.

Cette gigantesque mêlée d'hommes entraîna un carnage inouï, qui mérite de fixer le regard des philanthropes et de trouver un historien fidèle. Nous avons sous les yeux un travail remarquable, le rapport fait sous forme de circulaire par le major-général Joseph K. Barnes, chirurgien général de l'armée des Etats-Unis (*Report on the extent and nature of the materials available for the preparation of a medical and surgical history of the rebellion*). Cette histoire médicale et chirurgicale n'est pas encore terminée, mais les matériaux publiés donnent les renseignements les plus précieux. Les rapports mensuels établis pour un peu plus de la moitié des régiments en campagne, pendant la première année, donnent 17,496 cas de blessures par armes à feu. Les rapports mensuels établis cette fois sur les trois quarts des régiments, pendant l'année finissant au 30 juin 1863, présentent 55,974 cas de blessures; les listes des blessés relevés sur les champs de bataille pour les années 1864-1865, comprennent plus de 114,000 noms. Encore ces états doivent-ils être complétés, nous dit-on, par le dépouillement qui reste à faire des rapports des hôpitaux généraux, où l'on a reçu beaucoup de blessés dont les noms n'avaient pas été inscrits soit par les commis des hôpitaux du champ de bataille, soit par les médecins de régiment, et l'on doit y joindre ceux qui ont été tués dans le combat. On arriverait ainsi au chiffre de 221,000 blessés, sans compter les tués sur le champ de bataille. Ce chiffre énorme de blessés dépasse de beaucoup le total des cas semblables dans la guerre de Crimée, pour toutes les armées en présence. Pour bien saisir ce qu'a eu de gigantesque et d'inouï cette guerre américaine, il faut entrer dans quelques détails, et comparer le nombre de cas de quelque lésion ou de quelque opération importante dans l'armée de l'Union et dans les armées françaises et anglaises de Crimée. Si l'on considère, par exemple, la fracture du fémur par un coup de feu, on trouve que dans l'armée française, en Crimée, il y a eu 459 lésions de ce genre, et 194 dans l'armée anglaise, tandis que plus de 5,000 cas semblables ont été enregistrés dans l'armée des Etats-Unis. Si c'est une opération importante qui est prise pour point de comparaison, la résection de la tête de l'humerus, par exemple, les rapports de Crimée donnent 16 de ces résections pour l'armée anglaise, 42 pour l'armée française, tandis que pour l'armée américaine, il y a l'état détaillé de 575 opérations du même genre (*Recueil de médecine et de chirurgie militaire*, t. XVII, pages 390, 391). De tels détails sont caractéristiques et montrent dans toute son étendue, l'énormité du massacre.

Si des blessures on passe aux maladies, on trouve un résultat plus satisfaisant pour l'humanité. Ce qui distingue la guerre d'Amérique, c'est l'accroissement considérable dans le nombre des victimes par le feu de l'ennemi, et la diminution également considérable, dans le nombre des victimes, que font les maladies ; ce qui prouve que les moyens destructifs ont fait des progrès gigantesques, et que les mesures hygiéniques et conservatrices se sont grandement améliorées. Pendant la première année de guerre, l'effectif s'élevant à 290,936 hommes, il y eut 14.183 décès par maladies; la seconde année, sur un effectif de 644,508 hommes, le nombre des décès, par maladies, a été de 42,010. Pendant toute la durée de la guerre, il y aurait eu dans le Nord 97,000 hommes tués par le feu, et 184,000 morts par maladies ; en tout 281,000 hommes.

Les pertes du Sud sont bien autrement considérables; nous n'avons d'ailleurs sur ce point aucun travail scientifique. Les morts, dans les chiffres qui nous sont donnés, ne sont pas distingués des mutilés.

	Enrôlés.	Tués ou éclopés.
Alabama	120,000	70,000
Arkansas . . .	50,000	30,000
Floride	17,000	10,000
Georgie	131,000	76,000
Louisiane . . .	60,000	34,000
Mississipi . . .	78,000	45,000
Missouri. . . .	40,000	24,000
Caroline du Nord.	140,000	85,000
Caroline du Sud .	65,000	40,000
Maryland . . .	40,000	24,000
A reporter. . . .	741,000	438,000

Report.	741,000	438,000
Tennessée . . .	60,000	34,000
Texas	93,000	53,000
Virginie. . . .	180,000	105,000
Total. . . .	1,074,000	630,000

C'est un total de 630,000 morts ou estropiés sur 1,074,000 enrôlés, soit 60 pour 100. Si l'on compare maintenant ces pertes au chiffre total de la population blanche dans le Sud, on voit qu'elles montent à plus de 10 pour 100, soit à 20 pour 100 de la population masculine. La guerre d'Amérique, on peut le dire, a moissonné à peu près toute la jeunesse des États du Sud: ce n'est pas là une métaphore, c'est une expression littéralement vraie. Si l'on ajoute ces 630,000 hommes que le Sud a perdus aux 281,000 qui furent tués dans l'armée du Nord, on arrive à un total de plus de 900,000 hommes. Il ne faut pas oublier cependant que dans ce chiffre de 630,000 hommes, sont aussi compris les estropiés: si l'on considère que l'immense majorité des pertes du Sud a été causée par les maladies et les fatigues, par la mauvaise composition de l'armée qui comprenait des enfants de seize ans et des vieillards de soixante, par l'absence presque absolue de tout repos, faute de renouvellement; on peut regarder les $\frac{4}{5}$ de ces 630,000 hommes comme tués et $\frac{1}{5}$ au plus comme estropiés. On arrivera alors, pour les deux armées, au chiffre de près de 800,000 morts.

Les pertes financières sont encore plus inouïes.

Le Nord a dépensé pour cette guerre, dit M. Vigo-Roussillon (*Puissance militaire des États-Unis*, d'après la guerre de sécession), 14 milliards; le Sud à peu près autant. Cette guerre civile a coûté aux États-Unis d'Amérique plus de 25 milliards en dépenses réelles de guerre, et en sus le double de cette somme, si l'on tient compte du déficit dans la production, de la valeur des propriétés et des récoltes détruites, etc....

M. Vigo-Roussillon, croyons-nous, et l'opinion publique en général, estiment trop bas les dépenses réelles de guerre. Dire que la guerre d'Amérique a coûté 14 milliards aux états du Nord, c'est prendre le chiffre de la dette contractée pour le chiffre total des frais de guerre. Nous avons déjà condamné cette méthode défectueuse, qui ne tient nullement compte des impôts dont la hausse fut énorme pendant les années de la guerre de sécession. Ce qui prouve la surélévation tout exceptionnelle de ces impôts, c'est que, au retour de la paix, on put dès la première année, amortir la dette dans une proportion inouïe. Nous avons les budgets de la guerre et de la marine de 1860 à 1866; les voici en chiffres ronds:

En 1860-61.	35	millions de dollars.
1861-62.	437	—
1862-63.	662	—
1863-64.	776	—
1864-65.	1153	—
1865-66.	327	—

(*Moniteur* du 3 nov. 1866).

Le budget de la guerre et de la marine exigeait déjà, en 1860-61, une somme plus forte que les précédents, qui n'étaient pas supérieurs à 25 millions de dollars. Nous pouvons donc supposer que le chiffre de 35 millions, atteint en 1860-61, était le chiffre normal des budgets de la marine et de la guerre en temps de paix, et que si la lutte n'avait pas éclaté, ce chiffre n'aurait pas été franchi dans les exercices suivants. La dépense totale des cinq budgets de la guerre de 1861 à 1866, eût alors été de 175 millions de dollars : elle fut au contraire de 3 milliards 355 millions de dollars, c'est donc 3 milliards 180 millions de dollars de frais extraordinaires de guerre.

Or, 3 milliards 180,000 dollars, c'est environ 17 milliards de francs. On voit qu'un calcul très-simple nous a conduit à une évaluation des dépenses extraordinaires de guerre, qui surpasse de plus de 2 milliards le montant de la dette américaine.

Mais à ces 17 milliards, il faut ajouter le montant des contributions volontaires. D'après le *New-York-Herald* et le docteur Evans, ces dépenses, au commencement de 1862, dépassaient un milliard de francs ; d'après M. Elysé Reclus, jusqu'au 1er mars 1864, elles atteignaient un milliard 144 millions. La société sanitaire et les sociétés annexes ou similaires dépensèrent 120 millions en dépenses de pharmacie, d'entretien, d'habillements, de frais hospitaliers. Nous arrivons ainsi au chiffre de 18 milliards 264 millions, qui est parfaitement établi et dont il n'y a rien à rabattre. Mais ce n'est pas encore là le chiffre total. Il faudrait y ajouter les dépenses des Etats, des comtés et des districts, en armements et en primes aux volontaires. Les primes étaient très-considérables : elles s'élevèrent à 2000 dollars, 10,700 fr., dont la moitié certainement était payée par les Etats, districts ou comtés. M. Vigo-Roussillon nous donne le montant des sommes dépensées pour la solde de l'armée depuis le 1er juillet 1865 : cette somme ne s'élève qu'à 5 milliards 145,000,195 fr. : ce ne serait que 1938 fr par tête de volontaire : il faut certainement admettre que les Etats, districts ou comtés ont fourni une somme au moins équivalente, et alors les dépenses du Nord s'élèveraient à 23 milliards et demi. Quant aux dépenses du Sud, comment les évaluer ? Nous osons dire que tout ce qu'il y avait dans les Etats dissidents de capitaux roulants ou mobiliers fut presque entièrement absorbé par la guerre : quant à mettre un chiffre où tout calcul est impossible, nous n'aurons pas la présomption de le tenter.

Les pertes et les ruines indirectes, comment les évaluer même approximativement ? Nous ne parlons pas de ces immenses quantités de terres qui appartenaient aux plus riches parties de l'Union, à la Virginie, au Tennessée, au Missouri, continuellement traversées et ravagées pendant quatre ans par d'innombrables armées ; nous ne parlons pas de ces trois millions de travailleurs transformés en soldats, privant par là même l'agriculture et l'industrie de leur puissant concours : toutes ces récoltes détruites, toutes ces plantations délaissées faute de bras, toutes ces usines fermées faute de capital et de sécurité; toutes ces richesses cotonnières qu'implorait l'Europe, dévorées par les flammes, ces pertes incalculables, nous les passons parce que nous ne pouvons les supputer. Mais voici qui n'échappe pas à notre calcul. Cette superbe marine marchande qui faisait la gloire des États-Unis, qu'est-elle devenue par la guerre? A combien de millions s'élèvent les pertes subies par les armateurs du Nord? Le dommage causé au commerce du Nord par l'*Alabama* seul dans sa courte carrière, est estimé à 80 millions de francs. Tous ces beaux navires, toutes ces riches cargaisons devinrent la proie des corsaires du Sud, qui ne pouvant les faire entrer dans les ports européens, les brûlaient en pleine mer. Aussi quelle perturbation générale dans tous les rapports commerciaux des États-Unis, quelle hausse de l'assurance? Les Etats du Nord sont obligés de vendre à perte à l'Angleterre la plus grande partie de leurs navires et de dénationaliser leur marine. De 1858 à 1860, la moyenne des vaisseaux vendus par les Américains aux Anglais était de 40, jaugeant 16,000 tonneaux; en 1861 ce n'est plus 40, c'est 126 d'un tonnage de 76,000; en 1862, c'est 135; en 1863, c'est 320 d'un tonnage de 252,579. Les chiffres manquent pour les années 1864 et 1865 qui furent les années les plus terribles pour le commerce de l'Union. En 1860 les deux tiers des transports nécessaires au commerce des Etats-Unis se faisaient sur navires américains, en 1863 les deux tiers de ces transports ont été faits sur navires étrangers (Laugel, *Les corsaires confédérés. Revue des Deux-Mondes,* 1er juillet 1864). Nous avons pris ce petit épisode parce qu'il offre des chiffres précis, mais il n'a qu'une importance secondaire dans cet immense déploiement de souffrances, de ruines et de catastrophes qui affligea les États-Unis pendant ces quatre ans.

Si du moins ils avaient été seuls à souffrir de leur faute : mais les ouvriers du Lancashire, de l'Alsace et de la Seine-Inférieure ; mais cette redoutable crise cotonnière avec ses perturbations et ses contre-coups, qui pendant plusieurs années affligea l'Europe, c'est aussi là une plaie qu'il faut sonder à propos de la guerre d'Amérique. Voici comment s'exprimait à ce sujet M. Pouyer-Quertier, dans son rapport sur le projet de loi portant ouverture d'un crédit de 5 millions de fr. en faveur des localités où l'industrie cotonnière était en souffrance : « L'industrie cotonnière est une des principales du monde. Pour ne parler que de l'Europe, elle est arrivée dans ces dernières années à manufacturer des produits pour une valeur d'au moins 4 milliards par année : l'Angleterre 2 milliards, la France 800 millions, le reste du continent 1200 millions. Sur ces sommes, la matière brute tirée pour les $\frac{4}{5}$ des États-Unis représente une valeur de 1200 millions seulement ; les matières tinctoriales, les graisses, les huiles, les fers, etc., y rentrent pour 800 millions, de sorte que la main-d'œuvre payée en Europe pour le travail de cette industrie, est de près de 2 milliards. Par ces chiffres sommaires vous comprendrez sans peine quel trouble doit jeter dans les contrées qui manufacturent le coton, la disette de cette matière si précieuse pour le travail. L'Angleterre qui est le plus grand consommateur de coton brut, sans contredit, a suspendu la première la marche régulière de sa fabrication.... Dès le mois d'août 1861 le travail commençait à se ralentir dans le Lancashire. La guerre d'Amérique éclatant dans le printemps de 1861, et le blocus des ports du Sud étant devenu presque immédiatement effectif, les prix du coton se sont élevés dans une forte proportion. En présence de cette hausse subite de la matière première, le temps du travail se réduisit encore dans les manufactures, et dès le mois de juillet 1862, la presque totalité des usines de la Grande-Bretagne travaillaient à temps réduit. Le mal depuis cette époque, jusqu'au 31 décembre dernier (1862), est allé s'aggravant toujours et, par suite, la misère envahit tous les districts cotonniers avec une extrême violence. Chez nous les approvisionnements de matières premières étaient relativement plus grands ... Aussi le ralentissement sérieux du travail n'a-t-il commencé, en Normandie, que vers août ou septembre dernier (1862), et dans l'Est vers le mois de décembre.... L'Europe était arrivée à consommer 90,000 balles par semaine en 1860, et l'on comptait que les moyens de productions nouveaux porteraient à 100,000 balles au moins en 1861 la consommation hebdomadaire, lorsqu'est survenue la guerre américaine.... Le stock actuel ne représente (pour toute l'Europe) que 360,000 balles d'Amérique.... Les cotons étaient, il y a deux ans, d'une valeur de 70 à 80 fr. les 50 kilogrammes pour provenances d'Amérique; au commencement de septembre dernier ils avaient atteint 350 fr. et même 360 pour redescendre à 275 en novembre et remonter à 300 en décembre. » (*Moniteur* du 27 janvier). Nous avons cité ces paroles d'un industriel éminent : assurément elles sont sujettes à contrôle : il y a sans aucun dou e de l'exagération sur plusieurs points, spécialement sur les sommes que prélèvent les salaires dans la production cotonnière, soit en Europe, soit en France. Mais le mal que causa dans le vieux monde la guerre d'Amérique n'en est pas moins immense. Voici quelques autres détails qui le prouvent : « L'importation des cotons en Angleterre pour l'année 1863, a coûté 3 millions de livres sterling de plus que celle de 1861, à laquelle elle était, pour la quantité même, inférieure de moitié. » (*Journal des Économistes*, janvier 1864, page 118). C'étaient de plus, des cotons des Indes ou d'Égypte, dont la qualité est si inférieure à celle des provenances d'Amérique. Cette nécessité même d'aller s'approvisionner en Égypte et dans les Indes créa de grands embarras aux contrées d'Europe: « Les forts achats de coton dans des contrées auxquelles jusqu'à présent on n'en avait demandé que de faibles quantités, et qui, par conséquent, n'ont pas encore pris l'habitude d'une consommation correspondante en produits européens, ont occasionné en 1863, de considérables exportations d'espèces dont le continent s'est ressenti, surtout dans le dernier trimestre. La banque d'Angleterre, qui avait commencé l'année avec un taux d'intérêt de 3 p. 0/0, était arrivée, en décembre, jusqu'à 8 p. 0/0. » (*Journal des Économistes*, pag. 119, janvier 1864). On voit quelle multitude de perturbations une grande guerre peut amener dans notre civilisation industrielle et économique. L'année 1863 fut surtout terrible à passer. « Cet hiver, écrit le *Journal des Économistes*, de janvier 1864, ne sera heureusement pas si difficile à traverser que celui de 1863 ; des calculs d'une apparence exacte établissaient que la valeur de la fabrication normale des cotonniers français était de 530 millions, dont le cinquième, ou 106 millions en salaires, et qu'il manquerait environ la moitié du travail, c'est-à-dire que nos ouvriers perdraient encore 53 millions. L'importation du coton a crû cette année d'environ 50 p. 0/0, et il en résulterait que la perte des salaires serait diminuée d'un tiers; mais elle l'est de beaucoup plus, parce qu'un assez grand nombre d'ouvriers se sont mis à travailler la laine, et d'autres le lin et le chanvre, auxquels a profité la hausse du coton. » Les calculs de M. Paul Boiteau nous semblent plus justes que ceux de M. Pouyer-Quertier. Mais une perte de 53 millions de salaires au taux moyen de 3 fr. par jour ou 1000 fr. par an, c'est 53,000 ouvriers sans moyens d'existence. Dussent cette perte et ce nombre être encore réduits de moitié, si l'on pense que la fabrication française ne produit que le cinquième environ de la production cotonnière européenne, on peut conclure qu'au moins 100,000 ouvriers en Europe, par suite de la guerre d'Amérique, furent laissés presque constamment, pendant près de trois ans, sans ouvrage, et qu'un nombre triple ou quadruple vit notablement réduire ses salaires. Ce terrible chômage, combien de morts ne causa-t-il pas? Telle est la guerre. Elle est de sa nature si homicide, qu'elle fait des milliers de victimes à 2000 lieues des champs de bataille.

Si l'Amérique bouleversa notre industrie en ne nous fournissant pas de matières premières, elle la troubla encore en ne nous achetant plus nos produits manufacturés. « On comprend qu'un client aussi affaibli doit être pour nous un triste client, et qu'on ne peut pas, la guerre finie, voir le passé renaître instantanément. Aussi dans les états de douanes, les exportations de la France à l'étranger ont-elles subi une diminution importante due aux soieries et aux lainages, cela est significatif. » (*Journal des Economistes*, tôme XLVII, p. 306). Les ouvriers de Saint-Etienne n'étaient guère plus heureux que ceux de Mulhouse et de Rouen.

Nous aurions beau aligner des chiffres innombrables, ils ne suffiraient pas pour calculer toutes ces calamités. Et cependant « à raison de 1,000 fr. par tête d'esclave, dit M. Horn, et c'est un prix parfaitement suffisant, quand on prend pêle-mêle les esclaves jeunes et vieux, hommes et femmes, enfants et adultes, 4 milliards eussent suffi pour abolir l'esclavage. » Quelle économie n'eût-ce pas été! Mais il eût fallu que l'Amérique, dans sa crise de 1861, eût eu des hommes aussi grands que dans la crise de la fin du siècle dernier, un Franklin, un Washington, l'un du Nord, l'autre du Sud, disait M. Michel Chevalier. Cela même n'était pas nécessaire; un peuple instruit et honnête sait se passer de grands hommes, et agir utilement et bien, en vertu de cette instruction et de cette honnêteté mêmes.

GUERRES DU SCHLESWIG ET D'ALLEMAGNE

La proximité encore très-grande des deux guerres de 1864 et de 1866 est une condition défavorable pour en juger avec exactitude les résultats même matériels. C'est surtout en matière de finances que les renseignements précis nous manqueront; car les gouvernements d'Europe n'ont pas ees habitudes et ces mœurs pratiques du gouvernement de Washington, grâce auxquelles la situation financière de l'Union est aussi facile à connaître, que celle d'un grand établissement de crédit.

Nous avons sur les pertes humaines de la guerre de Danemark un travail précieux et tout récent (General Bericht über den Gesundheitsdienst im Feldzuge gegen Danemark, von docteur Lœffler hœniglich Preussischer general Arzt). Ce livre qui vient de paraître, nous a donné d'utiles renseignements. Le 1er février 1864, l'armée alliée passait l'Eyder : elle était alors forte de 60,000 hommes, un tiers autrichien, le reste prussien : le contingent autrichien ne changea pas pendant toute la durée de la campagne; le corps prussien au contraire fut porté à 63,000 hommes. Sur cet effectif considérable, voici quelles furent les pertes de l'armée prussienne :

Tués dans l'action ou morts de blessures	738 h.
Morts de maladies ou d'accidents divers.	310
	1,048

Le nombre des morts de l'armée prussienne est

donc seulement de 1. 6 p. 0/0 de l'effectif. Le nombre des blessés avait été de 2,443. On est surpris de cette proportion minime des morts : les rencontres cependant ont été très-sanglantes, relativement même beaucoup plus que celles de la guerre de Crimée : on doit reconnaître que, proportion gardée, l'assaut de Duppel fut aussi terrible que l'assaut de Malakoff. Il y a eu dans l'armée prussienne :

	Blessés.	Morts.
A Missunde (2 février). . .	206	59
A Duppel (17 et 18 avril). .	1,780	550
A Alsen.	354	104

Ce qu'il y a de plus remarquable dans cette campagne, c'est le très-petit nombre de morts par maladies. Il n'y a eu que 26,717 malades, dont 310 seulement périrent. Cette réduction de la mortalité tient en grande partie, comme l'avoue le docteur Lœffler, à l'action bienfaisante des sociétés privées de secours aux soldats. Il est plus difficile de connaître au juste les pertes de l'armée danoise. Ce qui est certain, c'est que par différentes raisons, et entre autres, à cause de l'infériorité de son armement, elle perdit beaucoup plus d'hommes que les Prussiens. On peut estimer les pertes par le feu, de l'armée danoise, au double de celles de l'armée prussienne, soit à 1,500 hommes environ.

L'armée danoise fut beaucoup plus maltraitée que son adversaire par les maladies : nous avons sur ce point quelques détails précis que nous empruntons au docteur Lœfler. Il y eut 31,575 malades : le typhus fit des ravages notables, et les pertes des Danois, par maladies, furent de 756 hommes, beaucoup plus du double des pertes prussiennes par la même cause. Les pertes des Autrichiens ont dû être fort minimes ; moins nombreux que les Prussiens, ils prirent une moindre part à l'action. En résumé les Prussiens perdirent 1,048 hommes : les Danois perdirent certainement plus du double, et la perte totale en y comprenant les Autrichiens, doit être d'environ 3,500 hommes.

Les pertes financières sont plus difficiles à connaître. Pour l'Autriche et la Prusse elles furent couvertes par les indemnités de guerre. Quant au Danemark, ses budgets nous ont échappé ; voici du moins l'état de sa dette avant et après la guerre. Avant la guerre :

Dette commune de la monarchie	98,261,793	rigsdalers.
Dette particulière du royaume.	1,289,780	—
— du Holstein. .	666,000	—
	100,217,573	—

La dette du royaume, au 31 mars 1865, était de 132,110,802 rigsdalers ; c'était donc au moins 30 millions de rigsdalers qu'avait coûtés la guerre au Danemark. Il y faut joindre les indemnités de guerre payées par les duchés, et la part des duchés dans la dette de la monarchie avant la guerre ; nous arrivons ainsi à un chiffre approximatif de 180 millions de francs. 180 millions de francs et 3,500 hommes, c'est encore là une consommation terrible de capitaux et de vies humaines, quand il eût été si facile de laisser à l'industrie et au travail tout cet argent et tous ces bras.

Nous arrivons à la grande guerre de 1866 : les données statistiques sur les pertes d'hommes ont déjà varié, du moins en ce qui concerne la Prusse. Un premier relevé, fait au mois de décembre 1866, s'est trouvé fort dépassé par les communications plus récentes du bureau de statistique de Berlin. Il est probable que ce n'est pas encore là le chiffre définitif, et que quand le docteur Lœffler aura fait, comme nous l'espérons, sur la campagne de Bohême, un travail analogue à celui qu'il vient de publier sur la campagne de Schleswig, on verra que l'étendue des pertes a été plus considérable. Le nombre des blessés pour l'armée prussienne est, d'après les premiers relevés, de 15,554 ; d'après les relevés plus récents, de 16,177. Les relevés primitifs n'indiquaient que 2,910 tués, les relevés rectificatifs fixent le nombre des morts, dans les 48 heures, à 2,931, et celui des morts qui succombèrent plus tard à leurs blessures, à 1,519, en tout 4,450. Les premiers relevés se taisaient sur les maladies, les relevés récents dénoncent 6,427 morts du typhus et de maladies diverses : c'est en tout 10,877. On voit comme, sur ce point, les relevés rectificatifs donnent des chiffres plus considérables que les relevés provisoires ; il faut encore attendre les relevés définitifs.

Pour l'Autriche, nous en sommes encore aux relevés provisoires. Le treizième rapport annuel de la commission de statistique de Vienne, contient une série de résultats authentiques qui font connaître la force et les pertes de l'armée autrichienne pendant la guerre contre la Prusse. Les chiffres sont tirés des états de l'armée à la fin d'août 1866 : c'est assez dire combien ils sont défectueux et inférieurs à la réalité : qui sait combien de blessés sont morts de leurs blessures depuis le mois d'août 1866? Tous les statisticiens militaires, le docteur Chenu, le docteur Lœffler, l'auteur anglais des rapports sur la guerre de Crimée, prolongent leurs recherches au moins dix-huit mois au delà de la paix. On ne semble pas davantage, dans les relevés autrichiens, tenir compte des maladies.

L'armée autrichienne, au commencement de la lutte, se composait de 646,636 hommes, dont 407,223 se trouvaient sur les deux théâtres de la guerre. Le total des pertes avouées est de 10,994 tués, 29,304 blessés, 43,743 manquants. Nous sommes assurément loin de compte, et nous n'hésitons pas à dire que le nombre des morts doit être doublé. Sur ces 29,304 blessés, encore en vie au mois d'août 1866, l'expérience nous autorise à dire que plusieurs milliers, 4 ou 5,000 au moins, auront succombé depuis lors à leurs blessures. N'a-t-on pas vu que dans le relevé du docteur Chenu sur la guerre de Crimée, ceux qui sont morts en France, des suites de l'expédition, pendant les dix-huit mois qui suivirent la guerre, forment le nombre de 15,000 : de même ceux qui ont succombé en Autriche, dans les hôpitaux ou dans leurs familles, pendant une période de dix-huit mois après la lutte, doivent atteindre un chiffre considérable. Enfin il n'est pas fait la moindre allusion, dans les relevés autrichiens, aux maladies qui enlevèrent plus de 6,000 Prussiens. Il n'est guère probable que les pertes des Autrichiens de ce chef soient moins considérables ; leurs fatigues furent aussi grandes, leur régime fut plutôt inférieur, et la profonde démoralisation des troupes autrichiennes était un puissant auxiliaire pour les épidémies. Nous attendons donc un travail complet sur les pertes de l'Autriche en 1866, et une révision qui sera en même temps un complément des relevés actuels insuffisants : nous avons la certitude que les relevés rectificatifs porteront les pertes totales de l'armée d'Autriche à 20 ou 25,000 hommes.

Nous n'avons pas de données précises sur les pertes de la Confédération proprement dite : nous n'avons eu sous les yeux que les relevés saxons publiés presque immédiatement après la guerre : ils présentent le caractère de la plus grande confusion :

sur les Bavarois et les Hanovriens nous n'avons aucun chiffre, il y eut cependant quelques combats sanglants. Nous pouvons, sans exagération, admettre un chiffre de 3,000 tués pour les petits États.

Un supplément de la *Gazette* de Florence, cité par le *Moniteur* du 9 juillet 1866, donne l'évaluation suivante des pertes italiennes à Custozza : 951 morts, 2,909 blessés, 4,252 prisonniers. Le chiffre des morts ne comprend que ceux qui ont expiré, dans les premiers jours après la bataille ; il doit donc être fortement augmenté, presque doublé par ceux qui ont succombé à leurs blessures dans l'année qui suivit la bataille. Pour la journée de Lissa, la *Nazione* prétend savoir que la perte totale des Italiens a été de 743 tués et de 155 blessés (*Moniteur* du 29 juillet 1866). Nous n'avons aucun détail sur les pertes des volontaires, qui ne laissèrent pas d'être importantes. Nous ne pouvons évaluer à moins de 3,000, à Custozza, à Lissa et dans la campagne de Garibaldi, le nombre des Italiens qui périrent par le feu de l'ennemi. Malgré le peu de durée de la guerre, cette mortalité doit évidemment être doublée, si l'on tient compte de la mortalité produite par les maladies, les fatigues, le mauvais régime, toutes les souffrances physiques et morales.

En résumé, le nombre des Prussiens tués ou morts est d'environ 11,000 ; nous regardons le chiffre probable des pertes autrichiennes comme variant de 20 à 25,000 ; celui des petits États de la Confédération de 3 à 4,000; celui des Italiens comme à peu près de 6,000; ce serait un total de 40 à 45.000 tués ou morts. Nous croyons que ce chiffre n'est certainement pas exagéré, et nous espérons qu'une histoire méthodique et scientifique de cette guerre, nous donnera, dans deux ou trois ans, des chiffres exacts, qui pourront être supérieurs aux nôtres, mais ne leur seront certainement pas inférieurs.

Les pertes financières sont difficiles à connaître avec une exactitude rigoureuse : elles ne sont certainement pas liquidées, et nous n'en pouvons savoir le montant définitif.

L'Autriche, dès le 23 novembre 1865, avait émis un emprunt sur la place de Paris; ce n'était pas un emprunt de guerre; il fut employé à rembourser les avances de la banque nationale. Aussi quand vint la guerre, dès les premiers jours du mois de mai, on eut recours aux expédients. Le gouvernement émettait des notes de 1 à 5 florins ayant cours forcé : cette émission atteignit le chiffre de 150 millions de florins. Une loi du 7 juillet autorisa le ministre à se procurer 200 autres millions de florins par un emprunt volontaire ou par une augmentation d'émission de billets de l'État. La banque de Vienne avança provisoirement 60 millions de banknotes. Un décret impérial, du 25 août, autorisa le ministre des finances à émettre 50 millions de florins en obligations 5 p. 0/0 et 90 millions en notes d'État, c'était le complément des 200 millions que la loi du

7 juillet autorisait le gouvernement à se procurer. En outre de ces ressources, le gouvernement avait imaginé, dans les premiers jours de juin, d'imposer à la Vénétie, un emprunt forcé de 12 millions de florins. C'était en tout 362 millions de florins, qu'on avait cherché à se procurer. Nous ne pouvons pas croire que cette somme énorme, qui forme près de 900 millions de francs, ait été absorbée complétement par la guerre. Il nous semble douteux que l'emprunt forcé vénitien soit rentré, et sur les 150 millions de florins levés après les frais de guerre, nous croyons qu'une partie n'aura pas été absorbée par les frais immédiats de la guerre. Néanmoins on ne peut évaluer les dépenses de l'Autriche, pour cette guerre, à moins de 600 millions, sans compter l'indemnité qu'elle a dû payer à la Prusse.

Les dépenses de celle-ci sont plus difficiles à calculer. Le trésor prussien ou réserve, se montait, avant la guerre, à 21 millions de thalers. Dès le commencement de mai, ces ressources étant absorbées, le gouvernement recourait aux expédients. Qu'était-ce en effet que la création de la caisse pour marchandises, si ce n'est un expédient du trésor? Cette caisse était autorisée à émettre pour 25 millions de thalers de papier (*Darlehnskassenscheine*), qui devait être reçu au pair dans les caisses publiques. Pendant la guerre, les troupes prussiennes vécurent sur l'ennemi. Après la guerre, les contributions imposées aux vaincus, s'élevèrent à près de 200 millions de francs. Dans la séance du 13 août 1866, le ministre des finances n'en demandait pas moins au Parlement des crédits extraordinaires s'élevant à 60 millions de thalers ou 225 millions de francs, sur lesquels, il est vrai, 21 millions de thalers furent employés à reformer l'ancien trésor, et une autre partie ne fut pas dépensée ; les frais de guerre de la part de la Prusse, en résumé, durent s'élever à 400 millions de francs (*Moniteur* du 3 septembre 1866) dont, il est vrai, les pays vaincus lui remboursèrent près de la moitié en contributions.

Quant à l'Italie, dès le 1er mai 1866, elle décrétait le cours forcé et empruntait 250 millions à la Banque nationale ; en exécution du décret du 28 juin 1866, elle établissait une lourde taxe sur la richesse mobilière, source de tant de difficultés depuis ; enfin elle avait recours à un emprunt forcé de 350 millions. Bien que la totalité de ces ressources qui se montent à plus de 600 millions, ne fût pas absorbée par les frais de la guerre, il n'est pas douteux que ceux-ci n'atteignent 400 millions au moins.

Dire ce que la guerre a coûté au Hanovre, aux Hesses, au Wurtemberg, à la Saxe, etc., nous ne le pouvons. Mais si on se rappelle qu'en 1859, les dépenses extraordinaires des États secondaires, d'après les budgets, furent de 152 millions de francs pour les sept principaux d'entre eux, alors qu'on n'avait pas tiré un coup de feu, et qu'on s'était mis seulement sur le pied de la *Kriegsbereitschaft*, il paraît difficile que, pendant la guerre de 1866, les petits États n'aient pas dépensé environ 250 millions de fr., sans compter bien entendu les indemnités payées à la Prusse.

Le solde des frais *officiels* et *immédiats* de la guerre de 1866 serait donc, pour les divers gouvernements de l'Allemagne et de l'Italie, de 1,650 millions de francs environ.

Mais dans cette guerre, comme dans toutes, les dépenses budgétaires furent les moins importantes. Quelle catastrophe économique et financière pour l'Italie que cette guerre inopportune ; ce triple fléau du papier monnaie, de l'emprunt forcé et de l'impôt vexatoire et inégal sur la richesse mobilière : n'est-ce pas là pour l'Italie un coup fatal dont elle sera vingt ans à se relever? On parlait d'économies, on semblait prendre ce mot au sérieux quand la guerre vint exiger l'accroissement démesuré des dépenses. La destruction du capital circulant par l'emprunt forcé, l'anéantissement des profits légitimes par l'impôt sur la richesse mobilière, le désavantage et les variations du change qu'amenait à sa suite le papier-monnaie, comment la jeune Italie eût-elle pu résister à de si pernicieuses influences? Quelles pertes énormes pour un pays surtout dont les importations, depuis quelques années, dépassaient de beaucoup les exportations, et qui allait avoir à supporter, dans ses relations avec les commerçants étrangers, les frais énormes d'un change désavantageux et extrêmement variable.

L'Autriche se trouvait dans une situation analogue. Nation vraiment à plaindre ! à peine sort-elle d'une crise et commence-t-elle à réparer les maux que la crise lui a causés, qu'elle se rejette volontairement dans une autre. En 1858, elle venait de supprimer le cours forcé qui lui avait été si funeste pendant dix ans, quand 1859 le rétablit. En 1866, elle remboursait les avances de la banque et l'on entrevoyait le moment où le cours forcé serait de nouveau supprimé, quand elle se jeta de son plein gré dans des aventures nouvelles. Elle était vouée par ses erreurs et ses fautes au papier-monnaie, aux surélévations continuelles d'impôts, à la désorganisation économique et à la stagnation industrielle.

Et la Prusse, si florissante et si forte, pendant six semaines la vie en elle fut suspendue ; dès le commencement de mai, 20,000 ouvriers à Berlin se trouvaient sans travail; la guerre déclarée, ouvriers, professeurs, banquiers, laboureurs, commerçants furent enlevés à leurs affaires. Le gouvernement édicta, pour ainsi dire, un chômage universel de deux mois, dans toute la monarchie, pour cause de guerre. Pendant ce temps-là ateliers ou écoles furent fermés ou vides. Se figure-t-on cette nation pendant deux mois morte au travail et à l'étude! Quel arrêt dans la civilisation ! Dans cette catastrophe publique que de catastrophes individuelles, obscures et ignorées! Les faillites se multipliaient dans une incroyable proportion; on en comptait à Berlin de vingt à vingt-cinq par jour, juste le chiffre qu'on en comptait par semaine dans les temps ordinaires.

Les petits États enlevés brusquement à leur vie calme et industrieuse, expièrent aussi par bien des pertes, la folie commune. Tous ces travaux publics qu'ils hâtaient avec tant de zèle furent retardés. Bade venait de contracter un emprunt pour ses chemins de fer, la guerre l'absorba; pareille chose lui était déjà arrivée en 1859 : tous les autres petits États qui, à l'exception de ce moment de délire de 1859, n'avaient contracté que des emprunts de paix, furent forcés de se jeter dans des emprunts de guerre. Et ces réquisitions, et ces ravages, et ces contributions arbitraires, ces 6 millions de florins que le général Vogel de Falkenstein exigea de Francfort, ces 25 millions de florins que le général de Manteufel exigea de la même ville, le lendemain même; puis cette Bohême désolée, dévastée, ruinée presque par les cantonnements et les combats de 600,000 hommes!

Le coup porté en Allemagne retentit dans l'Europe entière; ce bouleversement imprévu, cette folie subite qui avait saisi le centre de l'Europe, gagna par contagion les contrées voisines. De toutes parts l'on ne pensa plus qu'aux fusils nouveaux, aux canons prodiges, monstres ou nains, aux armées gigantesques; il fallut de nouvelles lois de conscription, de nouveaux emprunts ou de nouveaux impôts. Tel pays qui venait de réduire son effectif ne songea plus qu'à l'accroître démesurément. La hausse chez toutes les nations européennes du budget de la guerre, voilà ce dont fut cause la crise allemande. 1,650 millions inscrits aux budgets des belligérants, 45,000 morts, la ruine de l'Autriche et de l'Italie, et d'une manière permanente l'accroissement partout des charges et des inquiétudes publiques, tel est le bilan de la campagne de Bohême. D'où vient que deux ans même après cette guerre, notre industrie languit et notre commerce souffre? D'où vient que nos capitaux de roulement s'entassent dans nos banques au lieu d'alimenter nos fabriques et de créer de nouvelles entreprises? C'est que la guerre en mourant laisse son spectre derrière elle, qui vient longtemps encore effrayer les peuples et leur faire craindre de nouveaux malheurs.

EXPÉDITIONS LOINTAINES

Nous sommes arrivé à ces expéditions funestes, qui ont tant coûté aux puissances d'Europe et spécialement à la France: malheureusement ici les chiffres nous manquent, surtout pour les pertes d'hommes. Nous ne risquerons aucune évaluation conjecturale. Nous nous contenterons de rappeler l'éloignement des théâtres de la lutte en Chine, en

Cochinchine, au Mexique, à Saint-Domingue, la différence du climat, la fièvre jaune, le typhus, les fièvres paludéennes, les fatigues d'une guerre d'escarmouches incessantes, les marches forcées continuelles, la résistance obstinée de l'ennemi au Mexique, en Cochinchine, l'insuffisance des transports, des secours hygiéniques, parfois des vivres. Nous laissons chacun se faire, d'après toutes ces circonstances désastreuses, une idée plus au moins exacte du nombre des victimes qu'ont enlevées ces déplorables expéditions.

Quant aux pertes financières, notre position est moins mauvaise pour en juger l'étendue, mais elle ne nous permet pas encore d'arriver à l'exactitude. Les dépenses de la plupart de ces expéditions ne sont pas encore liquidées. Le Corps législatif a voté seulement en 1867 le règlement des comptes de 1863. Les comptes de 1864, de 1865, de 1866 ne sont pas encore connus avec précision. Une autre difficulté de ces calculs, c'est que les dépenses pour les expéditions lointaines se trouvent dans les divers budgets sous des titres différents, parfois confondues avec des dépenses d'autre nature. Il règne sur tous ces points une très-grande confusion, et l'heure ne semble pas encore venue de la dissiper. Ces dépenses exceptionnelles finirent par devenir tellement habituelles, que des budgets extraordinaires elles passèrent dans les budgets ordinaires : c'est ce dont fait preuve l'exposé des motifs sur la loi portant fixation des dépenses et des recettes de l'année 1863, présentée au Corps législatif le 6 mai 1862 par M. Vuitry, rapporteur. Le budget ordinaire de la marine portait augmentation de 18,773,501 fr. sur le précédent; voici comment M. Vuitry expliquait cette augmentation : « Depuis plusieurs années les différents budgets, calqués les uns sur les autres, reproduisaient le même nombre de bâtiments à entretenir armés, soit 152 navires à l'effectif d'environ 26,000 hommes, bien que des circonstances de natures différentes eussent obligé le département de la marine, soit à créer des stations nouvelles, soit à augmenter l'effectif de quelques-unes des stations existantes. En conséquence, des crédits extraordinaires étaient nécessaires pour faire face à ces dépenses qui, après avoir commencé par être accidentelles et temporaires, avaient fini par prendre un caractère normal et permanent. Le budget ordinaire prévoyait 152 navires armés ; en 1859 le nombre des armements a été de 300, dont 123, il est vrai, pour l'armée d'Italie et l'expédition d'Indo-Chine. En 1860, le nombre des armements effectués s'est élevé à 275, dont 77 pour les expéditions d'Indo-Chine et de Syrie. En 1861, il en aura été à peu près de même. Dans cette situation, le gouvernement a dû rechercher avec soin ce qui, dans les armements extraordinaires des années précédentes, devait être regardé comme indispensable au service de nos stations navales, dont le nombre et l'importance se sont accrus à raison même des établissements nouveaux que la France est en voie de fonder dans les mers lointaines. » (*Moniteur* du 12 mars 1862). Ces expéditions lointaines avaient en effet terriblement grossi notre budget de la marine. En 1857 il n'était que de 121,865,000 fr. ; en 1859, sans compter l'Algérie et les colonies, il montait à 213,800,000 fr., et en 1861, d'après la loi des comptes du 8 juin 1864, il avait réclamé plus de 230 millions : ainsi le budget de la marine avait grossi, par suite des expéditions lointaines, d'environ 100 millions, et cette augmentation était presque regardée comme permanente. Le budget de la guerre subissait aussi l'influence de ces expéditions ; en 1861, année de paix, d'après la loi des comptes du 8 juin 1864, il avait exigé 400,975,814 fr. 12 c., excédant de 55 millions les prévisions qui ne montaient qu'à 345 millions.

L'un des résultats les plus fâcheux des guerres lointaines fut donc d'enfler, outre mesure, nos budgets ordinaires ; les suppléments de crédit, au moins, disparaîtront avec ces expéditions d'outre-mer ; mais cette augmentation des budgets de la marine dont ces guerres avaient été la cause, le gouvernement l'a déclarée normale et permanente, et elle a toujours été considérée depuis comme permanente et normale.

Quant aux dépenses totales de ces expéditions, M. Larrabure, il y a plus de quatre ans, les estimait déja pour le Mexique et la Cochinchine seulement à 270 millions : c'était en décembre 1863 ; dans la même discussion, M. Calley-Saint-Paul portait à 450 millions les dépenses des guerres de Chine, de Cochinchine, du Mexique et du Japon. M. Vuitry répondait, en avouant pour l'expédition de Syrie 17 millions, pour celle de Kabylie 11 millions, pour celle de Chine et de Cochinchine 166 millions, lors du traité de Miramar, le gouvernement français déclarait avoir dépensé au Mexique 270 millions ; il est revenu depuis sur cette évaluation qu'il a déclarée exagérée. D'après le rapport de M. du Miral, sur le budget de 1868, les dépenses de l'expédition du Mexique auraient été les suivantes :

Années.	Guerre.	Marine.	Finances.	Totaux.
1861		3,200,000		3,200,000
1862	27,119,000	35,902,000	379,000	63,400.000
1863	72,012,000	24,606,000	1,001,000	97,619,000
1864	51,732,000	15,667,000	1,675,000	69.074,000
1865	29,342,000	10,583,000	1,480,000	41,405,000
1866	41,792,000	13,798,000	9,567,000	65,157,000
1867	9,993,000	13,117.000	200,000	23,310,000
	231,990,000	116,873,000	14,302,000	363,165,000

D'après un autre tableau, extrait du même rapport, les recettes plus ou moins effectuées de l'expédition, consistant en remboursements et en obligations mexicaines, s'élèveraient à 61 millions

975,000 fr., d'où l'excédant de dépenses serait de 301 millions de francs.

Il est inutile de faire remarquer que ce tableau officiel est excessivement optimiste. M. Berryer prétend prouver que l'expédition a absorbé 600 millions : ce ne serait pas impossible ; toujours est-il que le gouvernement, lui-même, ayant avoué un chiffre de dépenses effectuées de 270 millions, lors de la convention de Miramar, c'est-à-dire quand la guerre n'était qu'à moitié, il est difficile que les dépenses ultérieures, remboursements déduits, n'aient pas porté cette somme au moins à 400 millions. Quant aux expéditions de Chine, de Cochinchine et du Liban, nous ne pouvons les estimer à moins de 300 millions ; ce chiffre représente à peu près exactement les augmentations imprévues de nos budgets de la marine et de la guerre, dans les années de paix 1860, 61 et 62, alors que l'expédition du Mexique n'avait encore que peu coûté, et l'on sait que l'expédition de Cochinchine se poursuit encore et aggrave notre budget d'une manière permanente. Si l'on joint à ces dépenses budgétaires la perte de tous ces capitaux qui se sont détournés des emplois productifs, pour s'éteindre sans retour dans les emprunts mexicains, on trouve que les expéditions lointaines ont enlevé au moins un milliard à la France, sans compter qu'elles ont haussé d'une manière permanente le budget de la marine.

RÉSUMÉ DES PERTES MATÉRIELLES DES GUERRES CONTEMPORAINES.

1° *Pertes d'hommes :*

Hommes tués sur les champs de bataille ou morts, soit de leurs blessures, soit de maladies :

Crimée.	784,991
Italie.	45,000
Schleswig-Holstein.	3,500
Amérique. Nord. .	281,000
— Sud . .	519,000
Guerre de 1866. .	45,000
Expéditions lointaines et guerres diverses : Mexique, Cochinchine, Maroc, Saint-Domingue, guerre du Paraguay, etc. . . .	65,000
Total	1,743,491 tués par les guerres.

C'est un total de 1,750,000 hommes environ, enlevés par la guerre aux peuples civilisés, de 1853 à

1866, c'est-à-dire dans l'espace de 14 ans. 1,750,000 hommes, c'est un chiffre égal à celui de la population masculine entière de la Hollande : c'est encore un chiffre égal à celui des individus occupés en France comme ouvriers, par les professions industrielles ou commerciales. (Audiganne, *Les Ouvriers d'à présent*, page 405). Et cependant cette quantité immense de vies, de forces et d'intelligences humaines, dans le siècle de la civilisation, de l'industrie et de la démocratie, la guerre l'a dévorée en 14 ans.

2° *Pertes financières :*

Guerre de Crimée. .	8	milliards	500	millions.
Guerre d'Amérique .				
Nord.	23	—	500	—
— Sud .	11	—	500	—
Guerre d'Italie. . . .	1	—	500	—
Guerre du Holstein. .		—	180	—
Guerre de 1866. . . .	1	—	650	—
Guerres lointaines. .	1	—		—
	47	milliards	830	millions.

Ce ne sont là que les dépenses immédiates et positives des guerres : encore ne sont-elles pas complètes ; nous n'avons pas les dépenses de l'Espagne dans les guerres de Cochinchine, du Pérou et du Chili et de Saint-Domingue ; nous n'avons pas davantage celles des républiques de l'Amérique du Sud, dans leur lutte contre l'Espagne ; ni celles du Brésil, de la Plata, du Paraguay dans cette guerre éternelle qui les désole avec tant de fureur, ni celles du Mexique, dans la guerre de l'indépendance contre la France ; et cependant, avec toutes ces lacunes, nous sommes parvenus au chiffre effroyable de 48 milliards. 48 milliards, mais c'est plus du tiers de la richesse tant mobilière qu'immobilière de la France ; c'est le montant de l'épargne française pendant près d'un demi-siècle ; c'est six fois plus qu'il n'a fallu pour faire tous nos réseaux de chemins de fer français. Et cependant cette somme immense de 48 milliards, qui, employée aux œuvres de la paix, eût transformé les conditions matérielles de la vie des peuples civilisés, le mauvais génie de la guerre l'a dévorée en quatorze années, pour faire disparaître de la face du monde près de 1,800,000 hommes.

VERSAILLES. — IMPRIMERIE CERF, 59, RUE DU PLESSIS.

La **Ligue Internationale de la Paix** a pour but exclusif la propagation des idées indiquées dans sa déclaration précédemment publiée. (*V. au verso du titre.*)

Sa durée est indéfinie.

Elle admet dans son sein, *sans distinction de race, de couleur ou de sexe, sans acception de parti ou de religion*, toutes les personnes qui acceptent son programme et se sentent disposées à en seconder la réalisation.

La Ligue se compose : 1° De *Fondateurs;* 2° de *Sociétaires;* 3° d'*Adhérents.*

Le titre de Fondateurs est acquis aux membres actuels du Comité et à tous ceux qui, dans le cours de la première année, auront versé une somme une fois payée de CENT FRANCS au moins.

Les Sociétaires doivent une cotisation annuelle de CINQ FRANCS. Cette cotisation n'est plus exigible si, avant l'ouverture d'une année nouvelle, le Sociétaire a déclaré renoncer à ce titre.

Les Adhérents ne sont astreints à aucune obligation. Ils donnent, avec leurs noms, leur concours à l'œuvre commune, dans la mesure de leurs forces; et la soutiennent, s'ils le jugent à propos, par leurs offrandes. Tous les dons volontaires, jusqu'aux plus minimes, sont reçus avec une égale reconnaissance, et inscrits sur la liste générale des Membres.

Les Sociétaires et Fondateurs ont droit :

1° A un compte-rendu annuel de la situation financière et morale de la Ligue. — 2° A toutes les publications faites par elle ou en son nom. — 3° A une carte d'admission aux assemblées générales, conférences, lectures ou réunions organisées par la Ligue. Ils sont appelés à élire le Conseil d'Administration central et convoqués spécialement à cet effet chaque année.

La Ligue est représentée et administrée par un Conseil supérieur ou *Comité international*, siégeant quant à présent à Paris; et par des *Comités nationaux* formés, sous les mêmes inspirations que le Comité central, dans les diverses contrées de l'Europe. Le Comité international est élu, à la majorité des suffrages exprimés, par les Sociétaires. Il désigne lui-même son bureau et fait son règlement intérieur. Cette élection a lieu, chaque année, le 30 mai, date anniversaire de la déclaration collective qui a constitué la Ligue.

Pour la première année, le Comité actuel, fort de la confiance des premiers adhérents qui ont spontanément répondu à son appel, reste en fonctions. (*V. les noms au verso du titre.*)

PUBLICATIONS DIVERSES

FAITES PAR

LA LIGUE INTERNATIONALE DE LA PAIX

OU A SON PROFIT

Premier **Bulletin**.......................... 0 [illegible]

Deuxième **Liste d'adhésions**............. 0 [illegible]

Deuxième **Bulletin**......................... 0 [illegible]

La Guerre et la Paix, conférence faite à Paris, par M. Frédéric Passy, édition spéciale publiée aux frais d'un membre de la Ligue........... 0 [illegible]

LA BIBLIOTHÈQUE DE LA PAIX

COLLECTION DE VOLUMES SPÉCIAUX, PUBLIÉE SOUS LES [illegible]

Le volume, 50 centimes.

Les livraisons suivantes sont en cours de publication

Guerre à la Guerre, par M. A. Larrieu, membre fondateur.

Les Guerres contemporaines, par M. Paul Leroy-Beaulieu, lauréat de l'Institut, sociétaire.

La Guerre et les Épidémies, d'après les Mémoires de la Société Médicale de Metz, par M. Guilhaumon, sociétaire.

Comment on peut assurer la défense nationale en diminuant l'armée, par le comte L. de Draville, membre fondateur. — Etc.

PUBLICATIONS DIVERSES DÉDIÉES A LA LIGUE DE LA PAIX

La Guerre s'en va, 2 brochures, par M. A. [illegible] ingénieur en chef en retraite, sociétaire ; chacune [illegible]

Les Forts mobiles et la défense du territoire, par M. V. Lahérard, sociétaire.

Ce que c'est que la Ligue de la Paix, circulaire des Amis de la Paix de Metz, reproduite dans le second Bulletin.

NOTA. — Cette circulaire vient d'être traduite en allemand et répandue dans la Prusse rhénane. Elle a été en même temps tirée à [illegible] exemplaires aux frais d'un membre fondateur Belge, pour être répandue en Belgique.

Pour toutes ces publications, s'adresser :

A la librairie GUILLAUMIN et Cie, rue Richelieu, [illegible]

Et au *secrétariat* de la Ligue, rue Roquépine, [illegible] Paris, où se trouve déposé le registre d'adhésions.

Les fonctions de *trésorier* sont confiées à la maison *Dollfus*, [illegible] *rue Saint-Pierre, 9, à Paris,* à laquelle on est prié de faire parvenir directement, pour plus de régularité, les cotisations et souscriptions.

Pour la correspondance, s'adresser au *secrétariat*.

VERSAILLES. — IMPRIMERIE CERF, 59, RUE DU PLESSIS.

www.ingramcontent.com/pod-product-compliance
Lightning Source LLC
LaVergne TN
LVHW020415230826
846091LV00004B/1292